读客文化

小李飞刀 4

天涯·明月·刀 下

古 龙 著

文汇出版社

目 录

天涯·明月·刀

001 / 第十八章　绝望
019 / 第十九章　情到浓时情转薄
035 / 第二十章　刽子手
050 / 第二十一章　大师与琴童
066 / 第二十二章　脱出樊笼
083 / 第二十三章　公子羽
099 / 第二十四章　神秘老人
116 / 第二十五章　最后一战

飞刀，又见飞刀

141 / 楔　子

第一部　浪子的血与泪

150 / 第一章　归来

157 / 第二章　月神的刀

176 / 第三章　轻柔

188 / 第四章　山城之死

196 / 第五章　银衣

第二部　往事九年如烟

206 / 第一章　李坏的家

209 / 第二章　骨血

第三部　一战销魂

212 / 第一章　公孙太夫人

229 / 第二章　夜迷蒙

244 / 第三章　第一名侠

第四部　代价

250 / 第一章　一剑飞雪

265 / 第二章　锦囊

第五部　月光如雪，月光如血

276 / 第一章　小楼

281 / 第二章　曼青老人

283 / 第三章　生死

286 / 尾　声

第十八章

绝望

01

脚步声渐渐近了,黑暗中终于出现了一个人,手里拈着一朵花。
一朵小小的黄花。

来的竟是疯和尚。
他身上还是穿着那件墨汁淋漓的僧衣,慢慢地走过来,将黄花插在竹篱下。
"人回到了来处,花也已回来了。"
他眼睛里还是带着那种浓浓的哀伤:"只可惜黄花依旧,这地方的面目却已全非。"
傅红雪也在痴痴地看着竹篱下的黄花:"你知道我是从这里去的,你也知道花是从这里去的,所以你才会来。"
疯和尚道:"你知道什么?"
傅红雪道:"我什么都不知道。"
疯和尚道:"你既不知道摘花的人是谁,也不知道我是谁?"
傅红雪道:"你是谁?"
疯和尚忽然指着僧衣上的墨迹,道:"你看不看得出这是什么?"

傅红雪摇摇头。

疯和尚叹了口气,忽然在傅红雪对面坐下,道:"你再看看,一定要全心全意地看。"

傅红雪迟疑着,终于也坐下来。

淡淡的星光,照在这件本来一尘不染的月白僧衣上,衣上的墨迹凌乱。

他静静地看着,就像暗室中看着那一点闪动明灭的香火。

——如果你觉得这点香火已不再闪,而且亮如火炬,你就成功了一半。

——然后你就会连香火上飘出的烟雾都能看得很清楚,清楚得就像是高山中的白云一样,烟雾上的蚊蚋,也会变得像是白云间的飞鹤。

他全心全意地看着,忽然觉得凌乱的墨迹已不再凌乱,其中仿佛也有种奇异的韵律。

然后他就发现这凌乱的墨迹竟是幅图画,其中仿佛有高山,有流水,有飞舞不歇的刀光,还有孩子们脸上的泪痕。

"你画的究竟是什么?"

"你心里在想什么,我的画就是什么。"

画境本就是由心而生的。

这不但是一幅画,而且是画中的神品。

傅红雪的眼睛里发出了光:"我知道你是谁了,你一定就是公子羽门下的吴画。"

疯和尚大笑:"明明有画,你为什么偏偏要说无画?若是无画,怎么会有人?"

"什么人?"

"当然是画中的人。"

画中有孩子脸上的泪痕,他心里想的本就是他们:"人到哪里去了?"

疯和尚道:"明明有人,你偏还要问,原来疯的并不是和尚,是你。"

他大笑着随手一指:"你再看看,人岂非就在那里?"

他指着的是那几间小屋。

小屋的门窗本就是开着的,不知道什么时候已有灯光亮起。

傅红雪顺着他手指看过去,立刻怔住。

屋里果然有人,两个人,杜十七和卓玉贞正坐在那里吃粥。

本来已将冷却了的一锅粥,现在又变得热气腾腾。

傅红雪的人却已冰冷。

——难道这也像僧衣上的墨迹一样,只不过是幅虚无缥缈的书画?

不是的!

屋子里的确有两个活生生的人,的确是杜十七和卓玉贞。

看过僧衣上的墨迹后,现在他甚至连他们脸上每一根皱纹都能看得很清楚,甚至可以看到他们的毛孔正翕张,肌肉跃动。

他们却完全没有注意到他。

大多数人在这种情况下,都一定会跳起来,冲过去,或者放声高呼。

傅红雪不是大多数人。

虽然他已站了起来,却只是静静地站在那里,连动都没有动。

因为他不仅看见了他们两个人,而且看得更深,看得更远。就在这一瞬间,他已完全看出了整个事件的真相。

疯和尚道:"你要找的人是不是就在这里?"

傅红雪道:"是的。"

疯和尚道："你为什么还不过去？"

傅红雪慢慢地转过头，凝视着他，本来已因为疲倦悲伤而有了红丝的眼睛，忽又变得说不出的清澈冷酷，刀锋般盯着他看了很久，才缓缓道："我只希望你明白一件事。"

疯和尚道："你说。"

傅红雪道："现在我只要一拔刀，你就死，天上地下，绝没有一个人能救得了你。"

疯和尚又笑了，笑得却已有些勉强："我已让你看到了你要找的人，你却要我死！"

傅红雪道："只看见他们还不够。"

疯和尚道："你还要怎么样？"

傅红雪冷冷道："我要你安安静静地坐在这里，我要你现在就叫躲在门后和屋角的人走出来，他们只要伤了卓玉贞和杜十七一根毫发，我就会立刻割断你的咽喉。"

疯和尚不笑了，一双总喜欢痴痴看人的眼睛，忽然也变得说不出的清澈冷酷，也过了很久，才缓缓地道："你没有看错，屋角和门后的确都有人在躲着，但却绝不会走出来。"

傅红雪道："你不信我能杀了你？"

疯和尚道："我相信。"

傅红雪道："你不在乎？"

疯和尚道："我也很在乎，只可惜他们却不在乎，杀人流血这种事，他们早已司空见惯了，你就算把我剁成肉酱，我保证他们也不会皱眉头。"

傅红雪闭上了嘴。

他知他说的是实话，因为他已看见窗口露出了一张脸，也看见了这张脸上的刀疤和狞笑。

躲在屋角的人正是公孙屠。

疯和尚淡淡道："你应该很了解这个人的，你就算将他自己亲生的儿子剁成肉酱，他只怕也绝不会皱一皱眉头。"

傅红雪不能否认。

疯和尚道："现在我只希望明白一件事。"

傅红雪道："你说。"

疯和尚道："他们若是将卓玉贞和杜十七剁成肉酱，你不在乎？"

傅红雪的手握紧，心却沉了下去。

公孙屠忽然大笑，道："好，问得好，我也可以保证，只要傅红雪伤了你一根毫发，我也立刻就割断这两人的咽喉。"

傅红雪苍白的脸因愤怒痛苦而扭曲。

疯和尚道："他说的话你信不信？"

傅红雪道："我相信，我也很在乎，我要他们好好活着，却不知你们要的是什么？"

疯和尚道："我们要什么，你就给什么？"

傅红雪点点头，道："只要他们能活着，只要我有。"

疯和尚又笑了，道："我只要你脱下你的衣裳来，完全脱光。"

傅红雪苍白的脸突然发红，全身上下每一根青筋都已凸出。

他宁可死，也不愿接受这种污辱，怎奈他偏偏又不能拒绝反抗。

疯和尚道："我现在就要你脱，脱光。"

傅红雪的手抬起。

可是这双手并没有去解他的衣纽，却拔出了他的刀！

刀光如闪电。

他的人仿佛比刀光更快。

刀光一闪间，他已溜入了木屋，一刀刺入了木板的门。

门后一声惨呼，一个人倒了下来，正是那"若要杀人，百无禁忌"的杨无忌。

他已只剩下一只手。

他完全想不到会有一把刀从门板中刺入他的胸膛。

他吃惊地看着傅红雪,仿佛在说:"你就这么样杀了我?"

傅红雪冷冰地看了他一眼,也仿佛在说:"若要杀人,百无禁忌——这本是我学你的。"

这些话他们都没有说出来,因为杨无忌连一个字都没有说出口,呼吸就已停顿。

傅红雪只看了他一眼,眼睛看着他时,刀锋已转向公孙屠。

公孙屠凌空翻身,跃出窗外。

他居然避开了这一刀。

因为傅红雪这一刀并不是伤人的,只不过为了保护卓玉贞。

刀光一闪,刀入鞘。

公孙屠远远地站在竹篱旁,刀疤纵横的脸上冷汗如雨。

卓玉贞放下了碗筷,眼泪立刻像珍珠断线般落了下来。

杜十七看着她,眼睛里却带着种很奇怪的表情。

疯和尚叹了口气,道:"好,好厉害的人,好快的刀!"

傅红雪脸上虽然完全没有表情,其实心还在不停地跳。

刚才那一击,他并没有绝对成功的把握,只不过王牌几乎都已被别人捏在手里,他已不能不冒险作最后的孤注一掷。

公孙屠忽然冷笑,道:"这一注你虽然押得很准,这一局你却还没有赢。"

傅红雪道:"哦?"

公孙屠道:"因为最后的一副大牌,还捏在我手里。"

——他还有一副什么牌?

公孙屠道："其实你自己也该想得到的，若没有人带路，我们怎么会找到这里？"

傅红雪的手又握紧。

出卖他的人究竟是谁？

突听一声惊呼，杜十七突然出手，拧住了卓玉贞的臂，将她的人抱了过去，挡在自己面前。

傅红雪霍然转身："是你！"

杜十七看着他，眼睛里还是带着很奇怪的表情，仿佛想开口，又忍住。

傅红雪道："你本是个血性男子，怎么会做出这种事？"

杜十七终于忍不住道："你……"

他只说一个字，双眼突然凸出，鲜血同时从眼角、鼻孔、嘴角涌了出来。

卓玉贞反臂一个肘拳打在他身上，他就倒下去，腰肋之间，赫然插着柄尖刀，一尺长的刀锋，直没至柄。他的脸已扭曲，嘴角不停地抽动，仿佛还在说："我错了，错了……"

——只要是人，就难免会做错事，无论什么样的人都不例外。

卓玉贞的手一放开刀柄，立刻就向后退，忽然转身用力抱住了傅红雪，叫道："我杀了人……我杀了人！"

对她来说，杀人竟似比被杀的更可怕。

她显然还是第一次杀人。

傅红雪也有过这种经验，他第一次杀人时连苦水都吐了出来。

他了解这种感觉。

要忘记这种感觉并不容易。

可是人还是继续杀人，只有人才会杀人，因为有些人一定要逼着人去杀人。

这种事有时变得像瘟疫一样，无论谁都避免不了，因为你不杀他，他就要杀你。

——被杀的人获得安息，杀人的人却在被痛苦煎熬。

这岂非也是种充满了讽刺的悲剧？

02

一切又恢复平静。

太平静了。

血已不再流，仇敌已远去，大地一片黑暗，听不见任何声音。

连孩子的啼哭声都听不见。

"孩子呢？"

傅红雪整个人忽然都已冰冷："孩子已落入他们手里？"

卓玉贞反而忍住了悲痛安慰他："孩子们不会出什么事的，他们要的并不是孩子。"

傅红雪立刻问："他们要什么？"

卓玉贞迟疑着："他们要的是……"

傅红雪道："是不是孔雀翎？"

卓玉贞只有承认："他们以为秋水清已将孔雀翎交给了我，只要我肯将孔雀翎交给他们，他们就把孩子还我。"

她的泪又流下："可是我没有孔雀翎，我甚至连看都没有看过那鬼东西。"

傅红雪的手好冷，冷得可怕。

卓玉贞紧握住他的手，黯然道："这件事我本不想告诉你的，我知道世上已绝没有任何人能替我把孩子要回来。"

傅红雪道："那也是我的孩子。"

卓玉贞道："可是你也没有孔雀翎，就算你能杀了他们，还是要不回我的孩子来的。"

傅红雪闭上了嘴。

他不能不承认自己也无法解决这件事，他心里就像是有把刀在搅动。

卓玉贞又在安慰他："他们暂时不会去伤害孩子们的，可是你……"

她轻抚着傅红雪苍白的脸："你已经太累了，而且受了伤，你一定要好好休息，想法子暂时将这些烦恼的事全都忘记。"

傅红雪没有开口，没有动。

他似已完全麻木，因为他没有孔雀翎，他救不了他的孩子。

他亲手接过他们来到人世，现在却只能眼睁睁地看着他们受苦，看着他们死。

卓玉贞当然已看得出他的痛苦，流着泪将他拉到床上躺下，按着他的双肩，柔声道："现在你一定要尽量放松自己，什么事都不要想，让我先治好你的伤。"

她又轻轻抚摸着他的脸，然后就重重地点了他七处穴道。

没有人能想到这变化。纵然世上所有的人都能想到，傅红雪也绝对想不到。

他吃惊地看着她。可是他的惊讶还远不及他的痛苦强烈。

——当你正全心全意去对待一个人时，这个人却出卖了你，这种痛苦有谁能想象。

卓玉贞却笑了，笑得又温柔，又甜蜜。

"看样子你好像很难受，是你的伤口在痛？还是你的心在痛？"

她笑得更愉快："不管你什么地方痛，一定很快就会不痛了。"

因为死人是不会痛的。

她微笑着问道："我本来以为孔雀翎在你这里，可是现在看起来我好像是想错了，所以我很快就会杀了你的，到了那时，你就什么烦恼痛苦都没有了。"

傅红雪的嘴唇已干裂，连一个字都说不出来。

卓玉贞道："我知道你一定想问我，我为什么要这样对你，可是我偏偏不告诉你。"

她看着他的刀："你说你这把刀是谁也不能动的，现在我却偏偏要动动它。"

她伸手去拿他的刀："不仅要动，而且还要用这把刀杀了你。"

她的手距离他的刀只有一寸。

傅红雪忽然道："你最好还是不要动！"

卓玉贞道："为什么？"

傅红雪道："因为我还是不想杀你。"

卓玉贞大笑，道："我就偏要动，我倒要看看你能用什么法子杀我？"

她终于触及了他的刀！

他的刀忽然翻起，打在她手背上，漆黑的刀鞘就像是条烧红的烙铁。

她手背上立刻多了条红印，疼得几乎连眼泪都流了出来，可是她的惊惶却远比痛苦更强烈。

她明明已点住了他七处很重要的穴道，她出手又一向极准。

傅红雪道："只可惜有件事却是你永远也想不到的。"

卓玉贞忍不住问："什么事？"

傅红雪道："我全身上下每一处穴道都已被移开了一寸。"

卓玉贞怔住。

她的计划中绝没有一点疏忽错误,她点穴的手法也没有错,错的本来就是傅红雪,她做梦都想不到他的穴道也错了。这一寸的差错,竟使得她整个计划完全崩溃。

她懊恼悔恨,怨天尤人,却忘了去想一想,这一寸的差距是怎么来的。

——二十年的苦练,流不尽的血汗,坚忍卓绝的决心,咬紧牙关的忍耐。

——这一寸的差距,就是这么样换来的,世上并没有侥幸的事。

这些她都没有去想,她只想到一件事——一次失败后,她绝不会有第二次机会。

她的人也完全崩溃。

傅红雪却已站起来,冷冷地看着她,忽然道:"我知道你也受了伤。"

卓玉贞道:"你知道?"

傅红雪道:"你的伤在肋下,第一根与第三根肋骨之间,刀口长四寸,深七分。"

卓玉贞道:"你怎么会知道的?"

傅红雪道:"因为那是我的刀。"

——天龙古刹,大殿外,刀锋滴血。

傅红雪道:"那天在大殿外和公孙屠同时出手暗算我的也是你。"

卓玉贞居然沉住了气,道:"不错,就是我。"

傅红雪道:"你的剑法很不错。"

卓玉贞道:"还好。"

傅红雪道:"我到了天龙古刹,你也立刻跟着赶去了。"

卓玉贞道:"你走得并不快。"

傅红雪道："公孙屠他们能找到这里，当然不是因为杜十七通风报讯。"

卓玉贞道："当然不是他，是我。"

傅红雪道："所以你才杀了他灭口。"

卓玉贞道："我当然不能让他泄露我的秘密。"

傅红雪道："他们能找到明月心，当然也是因为你。"

卓玉贞道："若不是我，他们怎么会知道明月心又回到孔雀山庄那地室里？"

傅红雪道："这些事你都承认？"

卓玉贞道："我为什么不承认？"

傅红雪道："你为什么要做这些事？"

卓玉贞忽然从身上拿出朵珠花，正是那天在孔雀山庄的地室里，从垂死的"食指"赵平怀中跌落出来的。

她看着这朵珠花，道："你一定还记得这是从哪里来的。"

傅红雪记得。

卓玉贞道："那天我什么都不要，只要了这朵珠花，你一定以为我也像别的女人一样，见了珠宝就忘了一切。"

傅红雪道："你不是？"

卓玉贞道："我抢先要了这朵珠花，只因为怕你看到上面的孔雀标记。"

傅红雪道："孔雀？"

卓玉贞道："这朵珠花就是秋水清送给卓玉贞的定情物，她至死都带在身上。"

傅红雪道："卓玉贞已死了？"

卓玉贞冷冷道："她若没有死，这朵珠花怎么到了赵平手里？"

傅红雪忽然沉默，因为他必须控制自己。

过了很久,他才轻轻吐出口气,道:"你果然不是卓玉贞,你是谁?"

她又笑了,笑得狡猾而残酷:"你问我是谁?你难道忘了我是你妻子?"

傅红雪的手冰冷。

"我嫁给你,虽然只不过因为我想给你个包袱,把你拖住,把你累死,让你随时随地都得为了救我而去跟人拼命,可是无论谁也不能否认,我总算已嫁给了你。"

"……"

"我害死了明月心,害死了燕南飞,杀了杜十七,又想害死你,但我却是你的老婆。"

她笑得更残酷:"我只要你记住这一点,你若要杀我,现在就过来动手吧!"

傅红雪忽然冲了出去,头也不回地冲入了黑暗中。

他已无法回头。

03

黑暗,令人绝望的黑暗。

傅红雪狂奔。他不能停下来,因为他一停下来,就要倒下去。

他什么事都没有想,因为他不能想。

——孔雀山庄毁了,秋水清毫无怨言,只求他做一件事,只求他能为秋家保留最后一点血脉。

——可是现在卓玉贞也已死了。

——"她"知道珠花上有孔雀标记,"她"当然也是凶手之一。

——他却在全心全意地照顾她，保护她，甚至还娶了她做妻子。

　　——若不是为了她，明月心怎么会死？

　　——若不是为了保护她，燕南飞又怎么会死？

　　——他却一直都以为他做的事是完全正确的，现在他才知道他做的事有多可怕。

　　可是现在已迟了，除非有奇迹出现，死去了的人，是绝不会复活的。

　　他从不相信奇迹。

　　那么除了像野狗般在黑暗中狂奔外，现在他还能做什么？

　　就算杀了"她"又如何？

　　这些事他不敢去想，也不能去想，他的脑中已渐渐混乱，一种几乎已接近疯狂的混乱。

　　他狂奔至力竭时，就倒了下去，倒下去时他就已开始痉挛抽搐。

　　那条看不见的鞭子，又开始不停地抽打着他。现在不但天上地下的诸神诸魔都要惩罚他，让他受苦，他自己也要惩罚自己。

　　这一点至少他还能做得到。

04

　　小屋中静悄无声。

　　门外仿佛有人在说话，可是声音听来却很遥远，所有的事都仿佛很模糊、很遥远，甚至连他自己的人都仿佛很遥远，但是他却明明在这里，在这狭窄、气闷、庸俗的小屋里。

　　这究竟是什么地方？

这屋子是谁的？

他只记得在倒下去之前，仿佛冲入了道窄门。

他仿佛来过这里，可是他的记忆也很模糊，很遥远。

门外说话的声音却忽然大了起来。是一个男人和一个女人在说话。

"莫忘记我们是老相好了，你怎么能让我吃闭门羹？"这是男人的声音。

"我说过，今天不行，求求你改天再来好不好。"女人虽然在央求，口气却很坚决。

"今天为什么不行？"

"因为……因为今天我月经来了。"

"放你娘的屁。"男人突然暴怒，"就算真的月经来了，也得脱下裤子来让老子看看。"

男人在欲望不能得到发泄时，脾气通常都很大的。

"你不怕霉气？"

"老子就不怕，老子有钱，什么都不怕，这里是五钱银子，你不妨先拿去再脱裤子。"

五钱银子就可以解决欲望？

五钱银子就可以污辱一个女人？

这里究竟是个什么样的地方？这世界究竟是个什么样的世界？

傅红雪全身冰冷，就像是忽然沉入了冷水里，沉入了水底。

他终于想起这是什么地方了。他终于看见了摆在床头上的，那个小小的神龛，终于想起了那个戴茉莉花的女人。

——他怎么会到这里来的？是不是因为她说了那句："我等着你！"

——是不是因为现在他也变得像她一样，已没有别的路可走？

——是不是他的欲望已被抑制得太久，这里却可以让他得到发泄？

这问题只有他自己能解答，可是答案却藏在他心底深处某一个极隐秘的地方，也许永远都没有人能发掘出去。

也许连他自己都不能。他没有再想下去，因为就在这时候，已有个醉醺醺的大汉闯了进来。

"哈，老子就知道你这屋里藏着野男人，果然被老子抓住了。"

他伸出蒲扇般的大手，像是想将傅红雪一把从床上抓起来，但他抓住的却是那个戴茉莉花的女人。

她已冲了上来，挡在床前，大声道："不许你碰他，他有病。"

大汉大笑："你什么男人不好找，怎么偏偏找个病鬼？"

戴茉莉花的女人咬了咬牙："你若一定要，我可以跟你到别的地方去，连你的五钱银子都不要，这一次我免费。"

大汉看着她，仿佛很奇怪："你一向先钱后货，这一次为什么免费？"

她大声道："因为我高兴。"

大汉忽又暴怒："老子凭什么要看你高不高兴？你高兴，老子不高兴。"

他的手一用力，就像老鹰抓小鸡般，将她整个人都拎了起来。

她没有反抗。因为她既不能反抗，也不会反抗，男人的污辱，她久已习惯了。

傅红雪终于站起来，道："放开她。"

大汉吃惊地看着他："是你在说话？"

傅红雪点点头。

大汉道："是你这病鬼叫老子放开她？"

傅红雪又点点头。

大汉道:"老子偏不放开她,你这病鬼又能怎么样?"

他忽然看见傅红雪手里有刀:"好小子,你居然还有刀,难道你还敢一刀杀了我?"

——杀人,又是杀人!

——人为什么一定要逼着人杀人?

傅红雪默默地坐了下去,只觉得胃在收缩,几乎又忍不住要呕吐。

大汉大笑。他高大健壮,两臂肌肉凸起,轻轻一动,就将这个戴茉莉的女人重重抛在床上,然后他就一把揪住了傅红雪的衣襟,大笑道:"就凭你这病鬼也想做婊子的保镖?老子倒要看看你的骨头有几根?"

戴茉莉花的女人缩在床上,大声惊呼。

大汉已准备将傅红雪拎起来,摔到门外去。

"砰"的一声,一个人重重地摔在门外,却不是傅红雪,而是这个准备摔人的大汉。

他爬起,又冲过来,挥拳痛击傅红雪的脸。

傅红雪没有动。

这大汉却捧着手,弯着腰,疼得冷汗都冒了出来,大叫着冲了出去。

傅红雪闭上了眼睛。

戴茉莉花的女人眼睛却瞪得好大,吃惊地看着他,显得又惊讶,又佩服。

傅红雪慢慢地站起来,慢慢地走了出去,衣裳也已被冷汗湿透。

——忍耐并不是件容易的事。

——忍耐就是痛苦,一种很少有人能了解的痛苦。

门外阳光刺眼,他的脸在阳光下看来仿佛变成透明的。

在这新鲜明亮的阳光下，一个像他这样的人，能做什么事？能到哪里去？

他突然觉得心里有无法形容的畏惧。他畏惧的不是别人，而是他自己。

他也畏惧阳光，因为他不敢面对这鲜明的阳光，也不敢面对自己。

他又倒了下去。

第十九章

情到浓时情转薄

01

一股甘美温暖的汤汁,从咽喉里流下去,痉挛紧缩的胃立刻松弛舒展,就像是干瘠的土地获得了滋养和水分。

傅红雪张开眼睛,第一眼看见的是只很白很小的手。一只很白很小的手,拿着个很白很小的汤匙,将一碗浓浓的、热热的、芳香甘美的汤汁,一匙匙喂入他嘴里。

看见他醒来,她脸上立刻露出愉快的笑容:"这是我特地要隔壁那洗衣裳的老太婆炖的鸡汤,是乌骨鸡,听说吃了最补,看样子果然有点效。"

傅红雪想闭上嘴,可是一匙浓浓的鸡汤又到他嘴边,他实在不能拒绝。

她还在笑:"你说奇不奇怪?我这一辈子从来都没有照顾过别人,也从来没有人照顾过我。"

小屋里有个小小的窗子,窗外阳光依旧灿烂。

她的眼睛已从傅红雪脸上移开,痴痴地看着窗外的阳光。

阳光虽灿烂,她的眼睛却很黯淡。她是不是想起了很久很久以前,那些没有人照顾的日子?

那些日子显然并不是在阳光下度过的,她这一生中,很可能从来也没有在阳光下度过一天。

过了很久,她才慢慢地接道:"我现在才知道,不管被人照顾或照顾别人,原来都是这么……这么好的事。"

她并不是个懂得很多的女孩子,她想了很久才想出用这个"好"字来形容自己的感觉。

傅红雪了解她的感觉,那绝不是个"好"字可以形容的,那其中还包括了满足、安全和幸福,因为她觉得自己不再寂寞孤独。

她并不奢求别人的照顾,只要能照顾别人,她就已满足。

傅红雪忽然问:"你叫什么名字?你自己真正的名字。"

她又笑了。她喜欢别人问她的名字,这至少表示他已将她当作一个人。

一个真正的人,一个独立的人,既不是别人的工具,也不是别人的玩物。

她笑着道:"我姓周,叫周婷,以前别人都叫我小婷。"

傅红雪第一次发觉她笑得竟是如此纯真,因为她已将脸上那层厚厚的脂粉洗净了,露出了她本来的面目。

她知道他在看她:"我没有打扮的时候,看起来是不是像个老太婆?"

傅红雪道:"你不像。"

小婷笑得更欢愉:"你真是个很奇怪的人,我想不到你还会来找我的。"

她皱了皱眉道:"你来的时候样子好可怕,我本来以为你已经快死了,我随便问你什么话,你都不知道,可是我一碰你的刀,你就要打人。"

她看着他手里漆黑的刀。

傅红雪沉默。

她也没有再问，她也久已习惯了别人对她的拒绝，无论对什么事，她都没有抱很大的希望，对于这个无情的世界，她几乎已完全没有一点奢望和要求，她甚至连他的名字都不问，因为……

"我知道你是个好人，虽然也轻轻打了我一下，却没有像别人那么污辱我，你还平白无故给了我那么多银子。"

对她来说，这些事已经是很大的恩惠，已足够让她永远感激。

"你给我的那些银子，我一点也没有用，就算天天买鸡吃，也够用好久了，所以你一定要留在这里，等你的病好了再走。"

她拉住他的手："假如你现在就走了，我一定会很难受很难受的。"

在别人眼中看来，她是个卑微下贱的女人，为了五钱银子，就出卖自己。

可是她对他一无所求，只要他能让她照顾，她就已心满意足，比起那些自命"高贵"的女人来，究竟是谁高贵？谁卑贱？

她出卖自己，只不过因为她要活下去。又有谁不想活下去？

傅红雪闭上了眼睛，忽然问道："你这里有没有酒？"

小婷道："这里没有，但是我可以去买。"

傅红雪道："好，你去买，我不走。"

——病人本不该喝酒的。

——他为什么要喝酒？是不是因为心里有解不开的烦恼和痛苦？

——可是喝酒并不能解决任何事，喝醉了对他又有什么好处？

这些她都没有去想。

她想得一向很少，要求的也不多。只要他肯留下，无论叫她去做什么都没有关系。

"人活着就该奋发图强，清醒地工作，绝不能自暴自弃，自甘堕落。"

这些话她全不懂。她已在泥淖中活得太久了，从来也没有人给过她机会让她爬起来。

对她来说，生命并不是别人想象中那么复杂，那么高贵的事。

生命并没有给过她什么好处，又怎么能对她有太多要求。

02

傅红雪醉了，也不知已醉了多少天。

一个人醉的时候，总会做出些莫名其妙，不可理喻的事，可是她全无怨尤。

他要酒，她就去买酒，买了一次又一次，有时三更半夜还要去敲酒铺的门，她非但从来没有拒绝过他，也从来没有一点不高兴的样子。

只不过有时她去得太久，买酒的地方却不太远。

傅红雪当然偶尔也有清醒的时候，却从未问她为什么去得那么久。

那天他给她的只不过是些散碎的银子，因为他身上本来就只有些散碎银子。他一向穷，正如他一向孤独。

可是他也从未问过她买酒钱是哪里来的，他不能问，也不敢问。

她也从未问过他任何事，却说过一句他永远也忘不了的话。那是在一天晚上，她也有了几分酒意时说的：

"我虽然什么都不懂，可是我知道你一定很痛苦。"

痛苦？他的感觉又岂是"痛苦"两个字所能形容？

有一天她特别高兴，因为这天是她的生日，她特别多买了些东西，还买了只近来已很难得再吃到的老母鸡，可是她回来的时候，他已走了，没有留下一句话就走了。

酒瓶跌落在地上，跌得粉碎。她痴痴地站在床前，从白天一直站到晚上，连动都没有动。

枕上还留着他的头发。她拈起来，包好，藏在怀里，然后就又出去买酒。

今天是她的生日，一个人一生中能有几个生日？

她为什么不能醉？

03

傅红雪没有醉。这两天来，他都没有醉，他一直都在不停地往前走，既没有目的，也不辨方向，他只想远远地离开她，愈远愈好。

也许他们本就已沉沦，但他却还是不忍将她也拖下去。

分离虽然总难免痛苦，可是她还年轻，无论多深的痛苦都一定很快就会忘记的。年轻人对于痛苦的忍耐力总比较强，再拖下去，就可能永远无法自拔了。

走累了他就随便找个地方躺一躺，然后又开始往前走，他没有吃过一粒米，只喝了一点水，他的胡子已长得像刺猬，远远就可以嗅到他身上的恶臭。

他在折磨自己，拼命折磨自己。他几乎已不再去想她，直到他忽然发现身上有个小小手帕包的时候。

绣花的纯丝手帕，是她少数几件奢侈的东西之一，手帕里包着的，是几张数目并不小的银票和几锭金锞子，这也是那天从垂死的"食指"身上找出来的。他随手放在怀里，早已忘记，是他的病发作时，不停地痉挛扭曲，这些东西掉了出来，被她看见，她就用她最珍爱的一块手帕为他包起。为了五钱银子她就可以出卖自己，甚至可能为了一瓶酒就出卖自己，可是这些东西她却连动都没有动过。她宁可出卖自己，也不愿动他一点东西。

傅红雪的心在绞痛，忽然站起来狂奔，奔向她的小屋。

她却已不在了。

小屋前挤满了人，各式各样的人，其中还有戴着红缨帽的捕快。

"这是怎么回事？"

他问别人，没有人理他，幸好有个酒醉的乞丐将他当作了同类。

"这小屋里住的本来是个婊子，前天晚上却逃走了，所以捕快老爷来抓她。"

"为什么要抓她？她为什么要逃？"

"因为她杀了人。"

——杀人？那善良而可怜的女孩子怎么会杀人？

"她杀了谁？"

"杀了街头那小酒铺的老板。"乞丐挥拳作势，"那肥猪本来就该死。"

"为什么要杀他？"

"她常去那酒铺买酒，本来是给钱的，可是她酒喝得太多，连生意都不做了，酒瘾发作时，就只好去赊，那肥猪居然就赊给了她。"

乞丐在笑："因为那肥猪居然不知道她是干什么的，想打她的主意。前天晚上也不知道为了什么，她居然一个人跑到酒铺里去喝酒，喝得大醉，那肥猪当然喜翻了心，认为这是天大的好机会，乘她喝醉时，就霸王硬上弓，谁知她虽然是卖笑的，却偏偏不肯让那肥猪碰她，竟拿起了柜上那把切猪肉的刀,一刀将那肥猪的脑袋砍成了两半。"

他还想再说下去,听的人却已忽然不见了。

乞丐只有苦笑着喃喃自语:"这年头的怪事真不少,婊子居然会为了不肯脱裤子而杀人,你说滑稽不滑稽?"

他当然认为这种事很滑稽,可是他若也知道这件事的真相,只怕也会伏在地上大哭一场。

04

傅红雪没有哭,没有流泪。

街头的酒铺正在办丧事,他冲进去,拿了一坛酒,把酒铺砸得稀烂,然后他就一口气将这坛酒全都喝光,倒在一条陋巷中的沟渠旁。

——也不知为什么,她连生意都不做了。

——也不知为什么,她居然一个人跑去喝得大醉,却偏偏不肯让那肥猪碰她。

她究竟是为了什么?谁知道?

傅红雪忽然放声大喊:"我知道……我知道。"

知道了又如何?

知道了只有更痛苦!

她已逃走了,可是她能逃到哪里去?最多也只能从这个泥淖逃入另一个泥淖中去。另一个更臭的泥淖!

傅红雪还想再喝,他还没有醉,因为他还能想到这些事。

——明月心和燕南飞是为了谁而死的?

——小婷是为了谁而逃?

他挣扎着爬起来,冲出陋巷,巷外正有一匹奔马急驰而过。健马惊嘶，骑士怒叱，一条鞭子毒蛇般抽了下来。

傅红雪一反手就抓住了鞭梢。他狂醉、烂醉，已将自己折磨得不成人形，但他毕竟还是傅红雪。

马上的骑士用力夺鞭，没有人能从傅红雪手里夺下任何东西，"噗"的一声，马鞭断了。

傅红雪还站着，马上的骑士却几乎从鞍上仰天跌下去，可是他的反应也不慢，甩镫离鞍，凌空翻身，奔马前驰，这个人却已稳稳地站在地上，吃惊地看着傅红雪。

傅红雪没有看他，连一眼都没有去看，现在他唯一想看见的，就是一坛酒，一坛能令他忘记所有痛苦的烈酒。

他就从这个人面前走了过去，他走路的样子笨拙而奇特，这个人眼睛里忽然露出种很奇怪的表情，就好像忽然见到鬼一样。

他立刻大喊："等一等。"

傅红雪不理他。

这个人又问："你是傅红雪？"

傅红雪还是不理他。

这人突然反手拔剑，一剑向傅红雪胁下软肋刺了过去，他出手轻灵迅急，显然也是武林中的快剑。可是他的剑距离傅红雪胁下还有七寸时，傅红雪的刀已出鞘。

刀光一闪，鲜血飞溅，一颗大好头颅竟已被砍成两半。

人倒下，刀入鞘。傅红雪甚至连脚步都没有停，甚至连看都没有看这个人一眼。

05

夜已很深,这小酒铺里却还有不少人,因为无论是谁,只要一进来就不许走。

因为傅红雪说过:"我请客,你们陪我喝,谁都不准走。"

他身上带着恶臭和血腥,还带着满把的银票和金锞子。他的恶臭令人厌恶,血腥令人害怕,那满把的金银却又令人尊敬,所以没有人敢走。

他喝一杯,每个人都得陪着举杯。外面居然又有两个人进来,他根本没有看见那是两个什么样的人,这两个人却在盯着他,其中有一个忽然走到他对面坐下。

"干了。"

他举杯,一饮而尽,居然还是没有看看这个人,连一眼都没有看。

这人忽然笑了笑,道:"好酒量。"

傅红雪道:"嗯,好酒量。"

这人道:"酒量好,刀法也好。"

傅红雪道:"好刀法。"

这人道:"你好像曾经说过,能杀人的刀法,就是好刀法。"

傅红雪道:"我说过?"

这人点点头,忽又问道:"你知不知道你刚才杀的那个人是谁?"

傅红雪道:"刚才我杀过人?我杀了谁?"

这人看着他,眼睛里充满笑意,一种可以令人在夜半惊醒的笑意:"你杀的是你大舅子。"

傅红雪皱起眉，好像拼命在想自己怎么会有个大舅子？

这人立刻提醒他："你难道忘了现在你已是成过亲的人？你老婆的哥哥，就是你大舅子。"

傅红雪又想了半天，点点头，又摇摇头，好像明白了，又好像不明白。

这人忽然指了指跟着他一起进来的那个人，道："你知不知道她是谁？"

跟他来的是个女人，正远远地站在柜台旁，冷冷地看着傅红雪。

她很年轻，很美，乌黑的头发，明亮的眼睛，正是每个父母都想有的那种女儿，每个男人都想有的那种妹妹，每个少年都想有的那种情人。可是她看着傅红雪的时候，眼睛里却充满了仇恨和怨毒。

傅红雪终于也抬头看了她一眼，好像认得她，又好像不认得。

这人笑道："她就是你的小姨子。"

他生怕傅红雪不懂，又在解释："小姨子就是你老婆的妹妹，也就是你大舅子的妹妹。"

傅红雪又开始喝酒，好像已被他说得混乱了，一定要喝杯酒来清醒。

这人又问道："你知不知道她现在想干什么？"

傅红雪摇头。

这人道："她想杀了你。"

傅红雪忽然叹了口气，喃喃道："为什么每个人都想杀了我？"

这人又笑了："你说得一点都不错，这屋里坐着十三个人，至少有七个是来杀你的，他们都想等你喝醉了再动手。"

傅红雪道："要等我喝醉？我怎么会醉，再喝三天三夜都不会醉。"

这人微笑道："既然再等三天三夜都没有用，看来他们现在就会动手了。"

就在这时,只听"叮"的一声,一只酒杯掉在地上,粉碎。本来拿着这酒杯的人,手里拿着的已是把厚背薄刃的砍山刀。他向傅红雪冲过来时,一柄练子枪、一口雁翎刀、一条竹节鞭、一把丧门剑,也同时击下。

使剑的一个年轻人眼睛里满布血丝,口中还在低吼着:"黑手复仇,道上的朋友莫管闲事。"

说完这句话,他就怔住,他的四个同伴也怔住,五个人就像是石像般动也不动地站着,因为他们手里的兵刃已没有了,五件兵刃都已到了坐在傅红雪对面的这个人手里。

他们一开始行动,他也动了,左手在肩上一拍,右手已将兵刃夺下,五个人只觉得眼前一花,人影闪动间,手里的兵刃已不见了。

这人已坐回原来的地方,将五件兵刃轻轻地放在桌上,然后微笑着道:"我不是道上的朋友,我可以管闲事。"

使剑的年轻人怒喝道:"你是什么人?"

这人道:"我的姓名一向不告诉死人的。"

年轻人道:"谁是死人?"

这人道:"你!"

他们本来还全部好好地站在那里,这个字说出来,五个人的脸色忽然变得惨白,全身的血肉好像一下子就被抽干,五个生气勃勃的壮汉,忽然间就变得干枯憔悴,忽然就全都倒了下去。

傅红雪却好像还是没有看见。

这人叹了口气,道:"我替你杀了这些人,你就算不感激我,至少也应该称赞我两句。"

傅红雪道:"称赞你什么?"

这人道:"难道你看不出我用的是什么功夫?"

傅红雪道："我看不出。"

这人道："这就是'天地交征阴阳大悲赋'中，唯一流传到人世的两种功夫之一。"

傅红雪道："哦？"

这人道："这就是天绝地灭大搜魂手。"

傅红雪道："哦？"

这人道："还有一种，就是你已学会的天移地转大移穴法。"

他笑了笑，又道："你能将穴道移开一寸，至少已将这种功夫练到了九成火候。"

傅红雪道："你呢？你是谁？"

这人道："我就是西方星宿海的多情子，甚至比你还多情。"

傅红雪终于抬起头，看着他，好像直到现在才知道对面坐着的是个人。

这人笑得很温柔，眉目很清秀，看来的确像是个多情人的样子。

"多情人也杀人？"

"情到浓时情转薄，就因为我的情太多太浓，所以现在比纸还薄。"

多情子微笑着又道："只不过我也从来不会无缘无故就杀人的。"

傅红雪道："哦？"

多情子道："我杀这些人，只因为我不想让你死在他们手里。"

傅红雪道："为什么？"

多情子道："因为我想要你死在我手里。"

傅红雪道："你真的想？"

多情子道："我简直想得要命。"

远远站在柜台边的那个女孩子忽然道："因为他若杀了你，我就嫁给他。"

多情子道:"你看,我已经三十五了,还没有娶妻,当然也没有儿子。不孝有三,无后为大,你总不能叫我做个不孝的人。"

那少女抢着道:"他不会的。"

多情子道:"你怎么知道?"

少女道:"我看见过他三次出手,他的刀上本来的确就好像有鬼一样。"

多情子道:"现在呢?"

少女道:"现在他刀上的鬼已经到他自己心里去了。"

多情子故意问道:"怎么会去的?"

少女道:"为了两样事。"

多情子道:"酒和女人?"

少女点点头,道:"为了这两样事,以前他也几乎死过一次。"

多情子道:"可是他没有死。"

少女道:"因为他有个好朋友!"

多情子道:"叶开?"

少女叹了口气,道:"只可惜现在叶开已不知到哪里去了。"

多情子道:"那么现在他岂非很危险?"

少女道:"危险得很。"

多情子道:"你看我是不是接得住他的刀?"

少女笑了笑,道:"你那大搜魂手连真的鬼魂都能抓住,何况一把已没有鬼的刀?"

多情子道:"就算我能抓住他的刀,我的手岂非也会断?"

少女道:"不会的。"

多情子道:"为什么不会?"

少女道:"因为你抓的法子很巧妙,你的手根本碰不到刀锋,而且你另一只手已搜去了他的魂。"

多情子道:"这么说来,他这个人岂非已完了?"

少女道:"他还有一点希望。"

多情子道:"什么希望?"

少女道:"只要他告诉我们两件事,我们连碰都不碰他。"

多情子道:"两件什么事?"

少女道:"孔雀翎在哪里?天地交征阴阳大悲赋在哪里?"

多情子道:"他若有孔雀翎,若已练成了大悲赋,我们就完了。"

少女道:"也许他的手已不够稳,已没法子使用孔雀翎,也许他虽然练成了大移穴法,却已没法子再练别的功夫了。"

多情子笑了:"看他这样子,的确好像没法子再练别的功夫了。"

少女也笑了:"现在他唯一还能练的功夫,就是喝酒。"

多情子笑道:"这种功夫他好像已练得很不错。"

少女道:"只可惜这种功夫唯一的用处就是让他变成个酒鬼,死酒鬼。"

他们说的每句话都像是一根针,他们想把这一根根针全都刺到他心里,让他痛苦,让他软弱,让他崩溃。只可惜这些针却好像全都刺到一块石头上去了,因为傅红雪连一点反应都没有,他已完全麻木。

麻木距离崩溃已不远,距离死也不远。

多情子叹了口气,道:"看样子他像已决心不肯说?"

少女叹了口气,道:"也许他一定要等到快死的时候才肯说。"

多情子道:"现在时候还没有到?"

少女道:"你一出手就到了。"

多情子已出手。他的手又白又细,就像是女人的手。他的手势柔和优美,就好像在摘花,一朵很娇嫩脆弱的小花。

无论多坚强健壮的人,在他的手下,都会变得像花一样娇嫩脆弱。

他出手仿佛并不快，其实却像是一道很柔和的光，等你看见它时，它已到了。

可是这一次他的手还没有到，刀已出鞘。

刀光一闪，他的手忽然也像花瓣般开放，竟真的抓住了这把刀。他的另一只手是不是立刻就会搜去傅红雪的魂魄？就像是他刚才一下子就抽干了那些人的血肉！

花瓣般的手，搜魂的手。

没有人能接得住的刀，竟已被这只手接住，只可惜无论多可怕的手，到了这把刀下，也都会变得花瓣般娇嫩脆弱。

刀光一闪，鲜血飞溅。

手已被砍成了两半，头颅也已被砍成了两半。

少女的眼睛张大，瞳孔却在收缩。

她根本没有看见这把刀。刀已入鞘，就像是闪电没入了黑暗的穹苍，没有人还能看得见，她只能看见傅红雪苍白的脸。

傅红雪已站起来，走过去，走路的样子还是那么笨拙，笨拙得可怕。

他走得很不稳，他已醉了，醉得可怕。

在她看来，他全身上下每一个地方，每一个动作，都变得说不出的可怕，她怕得几乎连血液都已凝结，但她却忽然笑了："难道你不认得我了？我就是倪家的二小姐倪慧，我们是朋友。"

傅红雪不理她。

她看着他从她面前走过去，眼睛里还是充满了恐惧。她绝不能让这个人活着。他活着，她就得死，死在他手里。

这判断也许并不正确，她本是聪明绝顶的人，可是恐惧却使她失去理智。可是她并没有忘记她的天女花。除了她之外，江湖中好像还没有别人能用这种恶毒的暗器。

　　暗器出手，不但花瓣可以飞射伤人，花瓣中还藏着致命的毒针。

　　她身上一共只带着十三朵天女花，因为她根本不需要带得太多。

　　这种暗器她一共用过三次，每次只用了一朵。一朵已足够要人的命。

　　现在她竟将十三朵全都击出，然后她的人就立刻飞掠后退。这一击纵然不中，她至少也总可以全身而退。她对自己的轻功一向很有信心。

　　只可惜这时刀已出鞘！

第二十章

刽子手

01

　　刀光一闪,鲜血飞溅。

　　她看见了这一闪刀光,她甚至还看见了飞溅出的血珠。

　　血珠竟像是从她两眼之间溅出去的。她看见这些血珠,就好像一个人看见了自己的鬼魂,就好像看见了自己的一双腿已脱离了躯体,反而踢了自己一脚。

　　她甚至觉得自己的左眼仿佛已能看见自己的右眼。

　　有谁能了解她这种感觉?

　　没有人。只有活人才能了解别人的感觉,死人的头颅却绝不会,因为已经被劈成两半。头颅已被砍成两半的人,本来应该什么都看不见的,莫非刀太快,刀锋砍下时,视觉仍没有死,还可以看见这一刹那间发生的事?

　　这最后的一刹那。

　　一刹那究竟有多久?

　　一弹指间就已是六十刹那。奇怪的是,人们在临死前的最后一刹那,竟能想到很多平时一天一夜都想不完的事。

现在她想起了什么也没有人知道，她自己当然也永远不会说出来了。

02

倪平，三十三岁。

"藏珍阁主"倪宝峰次男，使长剑，江湖后起一辈剑客中颇负盛名之快剑。

独身未娶。

倪家大园溃散后，常宿于名妓白如玉之玉香院。

四月十九，傅红雪杀倪平。

倪慧，二十岁。

"藏珍阁主"次女，聪慧机敏，轻功极高，独门暗器天女花歹毒霸道，曾杀三人。

独身未嫁。

四月十九夜，傅红雪杀倪慧。

多情子，三十五岁。

本姓胡，身世不明，幼年时投入西方星宿海门下，少年时武功已有大成，所练"天绝地灭大搜魂手"为武林中七大秘技之一，杀人无数。

独身未娶。

三月入关，奸杀妇女六人。

四月十九夜，傅红雪杀多情子。

罗啸虎,四十岁。

纵横河西之独行盗,使刀,极自负,自命为江湖第一快刀。

独身未娶。

四月廿一,傅红雪杀罗啸虎。

杨无律,四十四岁。

"白云观主"杨无忌之堂弟,昆仑门下,"飞龙十八式"造诣颇高,气量偏狭,睚眦必报,颇有杨无忌"杀人无忌"之风。

少年出家,未娶。

四月廿二,傅红雪杀杨无律。

阴入地,三十岁。

金入木,三十三岁。

两人联手,杀人无算,号称"五行双杀",武功极诡秘。

两人性情刻薄,一毛不拔,近年已成巨富。

阴入地好色。

金入木天阉。

四月廿三,傅红雪杀阴入地、金入木。

诸葛断,五十岁。

关西"罗一刀"衣钵传人,冷酷多疑,好杀人。

鳏居已久。

本曾娶妻三次,妻子三人都死于他自己刀下。

无子女。

四月廿四,傅红雪杀诸葛断。

一枝花千里香，二十九岁。

采花盗，擅轻功迷药。

独身未娶。

四月廿五，傅红雪杀千里香。

厚厚的卷宗中还有一大沓资料，是站在他对面的两个人从各地找来的。

他只翻了这几页，就没有再看下去。

站着的两人一个是青衣白袜的顾棋，另一人穿着件一尘不染的月白僧衣，却是天龙古刹中的疯和尚。

现在他看来一点都不疯了。

他对他们的态度很温和，他们对他却很恭谨，就像是忠心的臣子对待君主。

他们虽然就站在他对面，中间却隔着很大很宽的一张桌子。

无论在何时何地，他都永远和别人保持着一段适当的距离。

他的笑容虽可亲，却从来也没有人敢冒渎他；因为他就是当今武林中最富传奇的人物。

他就是公子羽。

屋子里精雅幽静，每一样东西都经过极仔细的选择，摆在最适当的地方。桌上的东西却不多，除了那沓卷宗外，就只有一柄用黄绫包着的长剑。

窗外花影移动，听不见人声，屋里也只有他们三个人。

他不说话的时候，他们连呼吸的声音都不敢太大，他们都知道公子喜欢安静。

卷宗合起。

公子羽终于叹了口气，道："你们为什么总是要我看这些东西？"

他用两根手指，轻轻将卷宗推还给他们，仿佛生怕沾着了上面的血腥和杀气。

然后他才接着道："你们为什么不直接告诉我，这些日子来，他一共杀了多少人？"

吴画看看顾棋。

顾棋道："二十三个。"

公子羽皱了皱眉，道："十七天二十三个人？"

顾棋道："是。"

公子羽叹了口气，道："他杀的人是不是已太多了些？"

顾棋道："是太多了。"

公子羽道："听说你的棋友杨无忌也被他砍断了一只手？"

顾棋道："是。"

公子羽笑了笑，道："幸好用左手也一样可以下棋。"

顾棋道："是。但他也终于死在傅红雪的刀下。"

公子羽道："杨无律是想为他的堂哥报仇，才去找傅红雪的？"

顾棋道："是。"

公子羽道："罗啸虎当然是为了好强争胜，要跟他比一比谁的刀快？"

顾棋道："是。"

公子羽道："诸葛断为什么要将他三个妻子全都杀死？"

顾棋道："因为她们对别的男人笑了笑。"

公子羽道："这两人一个全无自知之明，一个太多疑，这种人成事不足，败事有余，你们以后千万不可吸收这种人加入我们的组织。"

顾棋、吴画同时道："是。"

公子羽颜色又和缓了,道:"但是我知道他们的刀法却不弱。"

顾棋道:"是。"

公子羽道:"星宿海的大搜魂手,也可以算是很厉害的功夫。"

顾棋道:"是。"

公子羽道:"据说傅红雪近来一直很消沉,几乎天天都沉迷在醉乡里。"

顾棋道:"是。"

公子羽道:"可是你找的这些好手们,却还是连他的一刀都挡不住。"

顾棋不敢再开口,连一个"是"字都不敢说了。

公子羽却在等着回答。他提出的问题,回答必须明确简短,可是必须要有回答。没有回答,就表示他的问题不值得重视。

任何不重视他的人,保证都会得到适当的惩罚。

顾棋终于道:"他喝得虽多,手却还是很稳。"

公子羽道:"酒对他没有影响?"

顾棋道:"有一点。"

公子羽道:"什么影响?"

顾棋道:"他出手反而更凶狠残酷。"

公子羽沉吟着,缓缓道:"我想他一定很愤怒,所以他的刀更可怕。"

顾棋没有问为什么。在公子面前,他只回答,不问。

公子羽却已接着道:"因为愤怒也是种力量,一种可以推动人做很多事的力量。"

顾棋看着他,充满了佩服和尊敬。

——他从不轻视他的敌人。他的分析和判断永远正确。他对敌人的了解,也许比那个人自己更深刻。

所以他成功了,他的成功,绝不是因为幸运。

公子羽忽又问道:"他还是要等别人先出手再拔刀?"

顾棋道:"是。"

公子羽叹了口气,道:"这一点才是最可怕的,能后发制人的,绝对比先发制人更可怕。"

顾棋道:"是。"

公子羽道:"你知道为什么?"

顾棋道:"因为一招击出,将发未发时,力量最软弱,他的刀就在这一瞬间切断了对方的命脉。"

公子羽道:"别人能不能做到?"

顾棋道:"不能。"

公子羽道:"为什么?"

顾棋道:"这一瞬稍纵即逝,除了他之外,很少有人能抓得住。"

公子羽微笑:"看来你的武功又有精进了。"

顾棋道:"略有一点。"

他不敢谦虚,他说的是实话。在公子面前,无论谁都必须说实话。

公子羽笑容欢悦,道:"你想不想去试试他的刀有多快?"

顾棋道:"不想。"

公子羽道:"你自知不是他对手?"

顾棋道:"据我所知,天下只有两个人能制住他。"

公子羽道:"其中有一个是叶开?"

顾棋道:"是。"

公子羽道:"还有一个是我?"

顾棋道:"是。"

公子羽慢慢地站起,走到窗前,推开了窗户,满园花香扑面而来。他静静地站着，不动，也不开口。

顾棋、吴画更不敢动。

过了很久很久，他才缓缓道："有件事你们只怕还不知道。"

顾棋仍然不敢问。

公子羽道："我不喜欢杀人，我这一生中，从未亲手杀过人。"

顾棋并不惊奇。有些人杀人是用不着自己动手的。

公子羽道："没有人能制得住他，我最多也只能杀了他。"

——因为他的人就像是一把刀，钢刀，你可以折断他，却绝不能使他弯曲。

公子羽道："可是我现在还不想破例杀人。"

——因为他还有顾忌。他仁义无双的侠名，并不是容易得来的，所以他不能杀人，更不能杀傅红雪。

因为傅红雪并不是个大家都认为该杀的人。

公子羽道："所以我现在只有让他去杀人，杀得愈多愈好。"

——让他杀到何时为止？杀到大家都想杀他的时候为止，杀到他疯狂时为止。

公子羽道："所以我们现在还可再给他点刺激，让他再多杀些人。"

他回过头，看着他们："我们甚至还可以给些人让他杀。"

顾棋道："我去安排。"

公子羽道："你准备安排些什么人让他杀？"

顾棋道："第一个是萧四无。"

公子羽道："为什么要选中这个人？"

顾棋道："因为这人已变了。"

公子羽道："我想你一定还可以安排些更有趣的人让他杀的。"

他微笑着，慢慢地接着道："现在我已想到最有趣的一个。"

花香满园。

公子羽背负着双手，徜徉在花丛中。他的心情很好，他相信他的属下一定可以完成他交代的任务，杀人的任务。

可是他自己却不杀人的。从来都不杀。

03

静夜，夜深。

傅红雪不能睡。不睡虽然痛苦，睡了更痛苦。

——一个人睡在冰冷坚硬的木板床，屋里充满了廉价客栈中那种独有的低贱卑俗的臭气，眼睁睁地看着破旧龌龊的屋顶，翻来覆去地想着那些不该想的往事。

——没有根的浪子们，你们的悲哀和痛苦，有谁能了解？

他宁可一个人游魂般在黑暗中游荡。

有的窗户里还有灯光。

窗户里的人还在干什么？为什么还不睡？是不是夫妻两个人在欢愉后的疲倦中醒来，正用晚饭时剩下的菜煮泡饭吃？是不是孩子们在半夜醒了，父母们只好燃起灯替他换尿布？

这种生活虽然单调平凡，其中的乐趣，却是傅红雪这种人永远享受不到的。听到了孩子的哭声，他的心又开始刺痛。

他又想喝酒。

酒虽然不能解除任何痛苦，至少总可以使人暂时忘记。

前面的暗巷中，有一盏昏灯摇曳。

一个疲倦的老人,正在昏灯下默默地喝着闷酒。

他摆这面摊已有三十五年。每天很早就要开始忙碌,买最便宜的肉骨头熬汤,卤一点大家都可以吃得起的下酒菜,从黄昏时就开始摆摊子,直到凌晨。

这三十五年来,他的生活几乎没有变动过。他唯一的乐趣,就是等到夜深人静,客人最少的时候,自己喝一点酒。只有在喝了一点酒之后,他才能进入一个完全属于他自己的世界——一个和平美丽的世界,一个绝没有人会吃人的世界。虽然这世界只有在幻想中存在,他却已觉得很不错了。一个人只要还能保留一点幻想,就已很不错。

傅红雪到了昏灯下。

"给我两斤酒。"

只要能醉,随便什么酒都无妨。

面摊旁只有两三张破旧的木桌,他坐下来才发现自己并不是唯一的客人,还有个身材很魁伟的大汉,本来正在用大碗吃面,大碗喝酒,此刻却停了下来,吃惊地看着傅红雪。

他认得这个脸色苍白的"病鬼",他曾经吃过这病鬼的苦头,在那个戴茉莉花的女人的小屋里。

仗着几分酒意,他居然走了过来,赔着笑道:"想不到你也喜欢喝酒,这么晚了,一个人出来喝酒的人,酒量一定不错。"

傅红雪不理他。

大汉道:"我知道你讨厌我,可是我佩服你,你看来虽然是个病鬼,其实却是条好汉。"

傅红雪还是不理他。他脸皮再厚,也不能不走了,谁知傅红雪却忽然道:"坐!"

一个人就算久已习惯了孤独和寂寞,但有时还是会觉得很难忍受,他忽然希望能有个人陪在他身旁,不管什么样的人都好,愈粗俗无知的人愈好,因为这种人不能接触到他内心深处的痛苦。

大汉却喜出望外,立刻坐下来,大声叫酒:"再切一条猪尾巴,两个鸭头。"

他又笑道:"只可惜鸭头是早已被人砍下来的,让我来砍,一定更干净利落。"

卖面的老人也有了几分酒意,用眼睛横着他,道:"你常砍鸭头?"

大汉道:"鸭头、人头我都常砍。"

他拍着胸脯:"不是我吹牛,砍头的本事,附近几百里地内只怕要数我第一。"

老人道:"你是干什么的?"

大汉道:"我是个刽子手,本府十三县里,第一号刽子手,有人要请我砍他的头,少说也得送我个百儿八十两的。"

老人道:"你要砍人家的脑袋,人家还要送银子给你?"

大汉道:"送少了我都不干。"

老人道:"你凭什么?"

大汉伸出巨大的手掌,道:"就凭我这双手,和我那把分量特别加重的鬼头刀。"

他比了个砍人的手势:"我一刀砍下去,被砍的人有时候甚至还不知道自己的脑袋已掉了。"

老人道:"伸头也是一刀,缩头也是一刀,人家凭什么要送银子给你?"

大汉道:"因为长痛不如短痛,由我来砍,至少还能落个痛快。"

老人道:"别人难道就没法子一刀把脑袋砍下来么?"

大汉道:"你还记不记得上次跟我一起来的那小伙子?"

老人道:"他怎么样?"

大汉道:"他也是个刽子手,为了要干这行,用西瓜当靶子,练了好几年,自己就觉得很有把握了,来的时候根本就没把我看在眼里。"

老人道:"后来呢?"

大汉道:"等到他第一次上法场的时候,他就知道不对了。"

老人道:"有什么不对?"

大汉道:"法场上的威风和杀气,只怕你连做梦都想不到,一上了法场他两条腿就发软,砍了十七八刀,那犯人的脑袋还连在脖子上,痛得满地打滚,像杀猪般惨叫。"

他叹着气,又道:"你想想,一个人被砍了十七八刀还没断气,那是什么滋味?"

老人的脸也已发白,道:"由你来砍,就只要一刀?"

大汉道:"保证只要一刀,又干净,又痛快。"

老人道:"砍脑袋难道还有什么学问?"

大汉道:"这其中的学问可真大极了。"

老人忍不住把自己的酒也搬了过来,坐在旁边,道:"你说来听听。"

大汉道:"那不但要眼明手快,还得先摸清楚被砍的是个什么样的人。"

老人道:"为什么?"

大汉道:"因为有的人天生胆子大,挨刀的时候,腰杆还是挺得笔直,脖子也不会缩进去,砍这种人的脑袋最容易。"

有了听众,他说得更高兴:"可是有些人一上了法场,骨头就酥了,裤裆里又是屎,又是尿,连拉都拉不起来。"

老人道:"他趴在地上,难道你就砍不下他的脑袋?"

大汉道:"砍不下。"

老人道:"为什么?"

大汉道:"因为颈子后面的骨头很硬,一定要先找出骨节眼上的那条线,才能一刀砍下他的脑袋。"

他接着道:"我若知道挨刀的犯人是个孬种,我就得先准备好。"

老人道:"准备好什么?"

大汉道:"通常我总会先灌他几杯酒,壮壮他的胆子,可是真把他灌醉了也不行,所以我还得先打听出他的酒量有多大。"

老人道:"然后呢?"

大汉道:"上了法场后,他若还不敢伸脖子,我就在他腰眼上踢一脚,他一伸脑袋,我就手起刀落,还得尽快拿出那个我早就准备好的馒头来。"

老人道:"要馒头干什么?"

大汉道:"他脑袋一落,我就得把馒头塞进他的脖子里去。"

老人道:"为什么?"

大汉道:"因为我不能让脖子里喷出来的血溅到我身上。馒头的大小刚好又能吸血,等到法场的人散了,那馒头还是热的,我就乘热把它吃了下去。"

老人皱眉道:"为什么要吃那馒头?"

大汉道:"因为吃了能壮胆。"

他喝了杯酒,又笑道:"干我们这行的,人杀得太多了也会变得胆寒的,开始时只不过晚上睡不着,后来说不定就会发疯。"

老人道:"是真疯?"

大汉道:"我师父就疯了,他只干了二十年刽子手就疯了,总说有冤魂要找他索命,要砍他的脑袋。有一天,他竟将自己的脑袋塞进火炉里去了。"

老人看着他,忽然叹了口气,道:"今天你喝的酒我请客。"

大汉道："为什么？"

老人道："因为你赚这种钱实在不容易，将来你一定也会发疯的。"

大汉大笑："你要请客，我不喝也是白不喝，可是我绝不会疯。"

老人道："为什么？"

大汉道："因为我喜欢干这行。"

老人皱眉道："你真的喜欢？"

大汉笑道："别的人杀人要犯法，我杀人却有钱拿，这么好的事，你想能到哪里去找？"

他忽然转头去问傅红雪："你呢？你是干哪一行？"

傅红雪没有回答。他的胃又在收缩，仿佛又将呕吐。

黑暗中却忽然有人冷冷道："他跟你一样，他也是个剑子手。"

04

长夜已将尽。

黎明之前，总是一夜中最黑暗的时候，这人就站在最黑暗处。

大汉吃了一惊："你说他也是个剑子手？"

黑暗中的人影点点头，道："只不过他还比不上你。"

大汉道："哪点比不上我？"

黑暗中的人影道："对你来说，杀人不但是件很轻松的事，而且也是件很愉快的事。"

大汉道："他呢？"

黑暗中的人影道："他杀人却很痛苦，现在他晚上就已睡不着。"

——开始的时候晚上睡不着，后来就会发疯。

大汉道:"他已杀过不少人?"

黑暗中的人影道:"以前的不算,这十七天他已杀了二十三个。"

大汉道:"他杀人有没有钱拿?"

黑暗中的人影道:"没有。"

大汉道:"又没有钱拿,又痛苦,他还要杀人?"

黑暗中的人影道:"是的。"

大汉道:"以后他还要继续杀?"

黑暗中的人影道:"不但以后要杀,现在就要杀。"

大汉立刻紧张,道:"现在他要杀谁?"

黑暗中的人影道:"杀我!"

第二十一章

大师与琴童

01

大地更黑暗,这人慢慢地从黑暗中走出来,走入灯火中。

他的脸色也是苍白的,几乎就像傅红雪一样,白得透明,白得可怕。

他的眼睛很亮,却带着种说不出的空虚忧郁。

大汉吃惊地看着他,忍不住问:"你知道他要杀你,你还要来?"

这人道:"我非来不可。"

大汉道:"为什么?"

这人道:"因为我也要杀他。"

大汉道:"也非杀不可?"

这人点点头,道:"每个人一生中多少都要做几件他不愿做的事,因为他根本没有选择的余地。"

大汉看着他,又看看傅红雪,显得既惊讶,又迷惑。这种事本就是他这种人永远不会懂的。可是他已感觉到一股杀气,这小小面摊前的方寸之地,就像是突然变成了杀人的刑场,甚至比刑场上的杀气更强烈,更可怕。

从黑暗中走出来的人目光转向傅红雪,眼色更忧郁。

无情的人本不该有这种忧郁。

萧四无本是个无情的人。

他忽然叹了口气,道:"你应该知道我本来并不想来的。"

傅红雪依旧沉默。他仿佛早已醉了,早已麻木,甚至连他握刀的手都已失了昔日那种磐石般的稳定,可是他手里仍然握着刀,他的刀并没有变。

萧四无看着他的刀,道:"我相信迟早总有一天能破你的刀。"

傅红雪早已说过:"我等着你。"

萧四无道:"我本来也想等到那一天再来找你。"

傅红雪忽然道:"那么你现在就不该来的。"

萧四无道:"可是我已来了。"

傅红雪道:"明知不该来,为什么要来?"

萧四无居然笑了笑,笑容中充满讥诮:"你难道没有做过明知不该做的事?"

傅红雪闭上了嘴。

他做过。

——有些事你明知不该做,却偏偏非要去做不可,连自己都无法控制自己。

——这些事的本身就仿佛有种不可抗拒的诱惑力。

——另外还有些不该做的事你去做了,却只不过因为被环境所逼,连逃避都无法逃避。

萧四无道:"我已找过你三次,我都要杀你,三次你都放了我。"

傅红雪再次沉默。

萧四无道:"我知道你一直都不想杀我。"

傅红雪忽又问道:"你也知道我为什么不想杀你?"

萧四无道:"因为你已很久未遇对手,你也想等到那一天,看我是不是能破得了你的刀？"

傅红雪承认。

纵横无敌，并不是别人想象中那么愉快的事，一个人到了没有对手时，甚至比没有朋友更寂寞。

萧四无道："可是我知道现在你已不会再等了，这一次你一定会杀了我的。"

傅红雪道："为什么？"

萧四无道："因为你已无法控制自己。"

他的眼睛空空洞洞，看来就像是个死人，可是他的笑容中却还是充满讥诮："因为你已不是昔日的那个傅红雪了。"

——现在你已只不过是个刽子手。

这句话他没有说出来，他的刀已飞出去，迅速，准确，致命！

他虽然明知这一刀必定会被傅红雪所破，但是他出手时，仍然使出全力。

因为他"诚"，至少对他的刀"诚"。

这"诚"字的意义，就是一种敬业的精确，锲而不舍的精神，不到已完全绝望时绝不放弃最后一次机会，绝不放弃最后一分努力。

能做到这一点并不容易。

无论谁只要能做到这一点，无论做什么事都必定会成功的。只可惜他已不再有机会了，因为他走的是条不该走的路。

因为傅红雪已拔刀！

刀光一闪，头颅落地。

鲜血雾一般弥漫在昏黄的灯光下。

灯光红了，人的脸却青了。

那大汉全身的血液都似已冻结，连呼吸都似已停顿。

他也用刀，他也杀人，可是现在他看见了傅红雪这一刀，才知道自己用的根本不能算是刀。

他甚至觉得自己以前根本就不能算杀过人。

灯光又昏黄！

他抬起头忽然发觉傅红雪已不在灯光下。

灯光照不到的地方，仍是一片黑暗。

02

"我本来的确可以不杀他，为什么还是杀了他？"

傅红雪看着手里的刀，忽然明白萧四无为什么要来了！

——因为他知道傅红雪已无法控制自己，他认为他已有击败傅红雪的机会。

——他急着要试试，所以他已没法子再等到那一天。

——等待毕竟是件很痛苦的事，他毕竟还很年轻。

傅红雪的判断并没有错，他自己也知道自己没有错。

错的是谁？

不管错的是谁，他心里的压力和负担都已无法减轻，因为他杀的人本是他以前绝不会杀的。

"难道我真的已无法控制自己？"

"难道我真的已变成了个刽子手？"

"难道我迟早也总有一天会发疯？"

03

宽大的桌上一尘不染，宽大的屋子里也没有一点声音，因为公子羽正在沉思。

"萧四无已去了？"刚才他在问。

"是。"

"你们用什么法子要他去的？"

"我们让他以为自己有了杀傅红雪的机会。"

"结果呢？"

"结果傅红雪杀了他。"

"也是他先出手的？"

"是。"

现在公子羽沉思着，思索的对象当然是傅红雪，也只有傅红雪值得他思索。

除了傅红雪外，现在几乎已全无任何人能引起他的兴趣。

窗外暮色已深，花香在晚风中默默流动，他忽然笑了笑："他还是在杀人，还是一刀就能致命，可是他已经快完了。"

他又问："你知不知他为什么快完了？"

他看着的并不是在他面前的顾棋，而是站在他后面的一个人。

没有人会注意到这个人，因为他实在太沉默、太安静、太平凡，就像是公子羽的影子。

没有人会去注意一个影子的，可是公子羽这句话并不是在问顾棋，而是在问他。

难道顾棋不能解释的事，他反而能解释？难道他知道的比顾棋还多？

"一个人若是到了已经快完了的时候,一定会有缺口露出来。"

"缺口？"

"就像是堤防崩溃时的那种缺口。"他用的词句虽奇特,却精简正确。

"傅红雪已有了缺口？"公子羽再问。

"他本不想杀萧四无,他已放过萧四无三次,这次却已无法控制自己。"

"这就是他的缺口？"

"是的。"

公子羽笑得更愉快:"现在我们是不是已不必再送人给他去杀？"

"还可以再送一个。"

"谁？"

"他自己。"

影子用的词句更奇特:"天下本就只有他自己能杀傅红雪,也只有傅红雪能杀他自己。"

04

什么事比杀人更残酷？

逼人自杀比杀人更残酷,因为,其间经历的过程更长,更痛苦。

长夜,长得可怕。

长夜已将尽。

傅红雪停下来,看着乳白色的晨雾在竹篱花树间升起。

这漫长的一夜,他总算熬了过去。他还能熬多久?

疲倦,饥渴,头疼如裂,嘴唇也干得发裂,他根本不知道自己此刻是在什么地方,更不知道这是谁家的竹篱、谁家的花树。

他已走得太久,他在这里停下来,只不过因为这里有琴声。

空灵的琴声,就仿佛是和晨雾同时从虚无缥缈间散出来的。

他并不想在这里停下来,也不知道自己怎么会停了下来。

缥缈的琴声,又像是远方亲人的呼唤。

他没有亲人,可是他听见这琴声,心灵立刻就起了种奇妙的感应,然后他整个人都似已与琴声融为一体,杀人流血的事,忽然间都已变得很遥远。

自从他杀了倪家兄妹后,这是他第一次觉得完全松弛。

突听"铮"的一响,琴声断绝,小园中却传出了人声:"想不到门外竟有知音,为何不进来小坐?"

傅红雪想都没想,就推开柴扉,走了进去。

小园中花树扶疏,有精舍三五,一个白发苍苍的布衣老人,已在长揖迎宾。

傅红雪居然以长揖答礼,道:"不速之客,怎敢劳动老丈亲自相迎?"

老人微笑道:"贵客易得,知音难求,若不亲自相迎,岂非不恭不敬的人,又怎能学琴?"

傅红雪道:"是。"

老人道:"请。"

雅室中高榻低几,几上一琴。

形式古雅的琴,看来至少已是千载以上的古物,琴尾却被烧焦了一处。

傅红雪动容道:"莫非这就是古老相传的天下第一名琴'焦尾'?"

老人微笑道:"阁下好眼力。"

傅红雪道:"那么老丈就是钟大师?"

老人道:"老朽正是姓钟。"

傅红雪再次长揖。这是他第一次对人如此尊敬,他尊敬的并不是这个人,而是他天下无双的琴艺——高尚独特的艺术,高尚独立的人格,都同样应该受到尊敬。

木榻上一尘不染,钟大师脱履上榻,盘膝而坐,道:"你也坐。"

傅红雪没有坐。他身上的污垢血腥,也有很久很久未曾洗涤。

钟大师道:"老朽这斗室中虽然只有一琴一几,能进来的人却不多。"

他凝视着傅红雪:"你知不知道我为什么请你进来?"

傅红雪摇头。

钟大师道:"因为我看得出你的衣衫虽不整,一心却如明镜,你自己又何必自惭形秽?"

傅红雪也坐下。

钟大师微笑,手抚琴弦,"铮"一声,空灵的琴声,立刻又占据了傅红雪的心灵。

他手里还是紧握着他的刀,可是他忽然觉得这柄刀是多余的,这也是他第一次有这种感觉,琴声仿佛已将他领入了另一种天地,那里没有刀,也没有戾气。

——人为什么要杀人?不但自己杀人,还要逼着别人去杀人?

傅红雪握刀的手已渐渐放松了。他本来的确已接近崩溃,可是在这琴声中,他已得到解脱。

声音虽遥远,入耳却清晰。就在这时,远处忽然也传来"铮"一声,仿佛也是琴声。

钟大师抚琴的手忽然一震,"咯"的一响,五弦俱断。

傅红雪的脸色也变了。天地间忽然变得一片死寂,钟大师动也不动地坐在那里,神情沮丧,若有所失,看来竟似忽然老了十岁。

傅红雪忍不住问:"大师莫非听出了什么凶兆?"

钟大师不闻不问,远方又有琴声一响,他额头竟有冷汗滚滚而下,等到琴声再响时,这高雅沉静的老人,竟忽然从榻上一跃而起,只穿着一双白袜,就冲了出去。

一阵风从门外吹来,琴上的断弦迎风而舞,就像是这古琴的精灵已复活,也想跟着他出去,看一看远处是谁在拨琴?

傅红雪也跟了出去。

琴弦断了,人老了,就连这小园中的花树,仿佛也在这一瞬间变得憔悴了。

这究竟为了什么?

05

长巷尽头,是条长街,长街尽头,是个市场。

现在正是早市的时候,市场中拥满了各式各样的人,充满了各式各样的声音。

人都是俗人,声音也是俗声,这不俗的钟大师,到这里找寻什么?他足上一双点尘不染的白袜已沾满泥垢,呆呆地站在那里东张西望,就像个失落了钱袋的小家主妇。

闻名天下的琴圣,怎么会变成这样子?

傅红雪本不是多话的人，此刻却忍不住问："大师究竟要找什么？"

钟大师沉默着，脸上带着种奇怪的表情，很久才回答："我要找一个人，我一定要找到这个人。"

傅红雪道："什么人？"

钟大师道："一位绝世无双的高人。"

傅红雪道："他高在何处？"

钟大师道："琴。"

傅红雪道："他的琴比大师更高？"

钟大师长长叹息，黯然道："他的弦声一响，已足令我终生不敢言琴。"

傅红雪又不禁动容："大师已经知道这个人在哪里？"

钟大师道："琴声自此处传出，他的人想必也在这里。"

傅红雪道："这里只不过是个市场。"

钟大师叹息道："就因为这里是市场，才能显出他的高绝。"

傅红雪道："为什么？"

钟大师目光遥视远方，若有所失，又若有所得："因为他的人虽在凡俗之中，一心却远在白云之外，凡俗中的万事万物都已不足影响他的心如止水。"

傅红雪沉默，慢慢地抬起头，忽又大声道："大师说的莫非就是他？"

市场中有个肉案。

无论什么样的市场中，都有肉案的。

有肉案就有屠夫。

无论什么地方的屠夫都会显得有点自命不凡，总觉得自己比别的摊贩高贵。

因为他能杀戮,因为他不怕流血。

这屠夫正在切肉,肉案旁还有个很高大的砧板,砧板下斜倚着一个人。

一个懒懒散散的白衣人。

地上又湿又脏,有很多主妇都是穿着钉鞋来买菜的,这个人却不在乎,就这么样懒懒散散地坐在泥地上。他膝上竟有一张琴。

他仿佛在抚琴,琴弦却未响。

钟大师已走过去,恭恭敬敬地站在他面前,身揖到地。

这个人却在看着自己的手,连头都没有抬。

钟大师神情更恭敬,居然自称弟子:"弟子钟离。"

白衣人淡淡道:"莫非是琴中之圣钟大师。"

钟大师额上忽又冒出冷汗,嗫嚅着道:"君子琴弦一动,已妙绝天下,为何不复再奏?"

白衣人道:"我怕。"

钟大师愕然,道:"怕?怕什么?"

白衣人道:"我怕你一头撞死在你那焦尾琴上。"

钟大师垂下头,汗落如雨,却还是忍不住要问:"君子来自远方?"

白衣人道:"来自远方,却不知去处。"

钟大师道:"不敢请教高姓大名。"

白衣人道:"你也不必请教,我只不过是个琴童而已。"

琴童?像这样的人会做别人的琴童?谁配有这样的琴童?

钟大师不能相信,这种事实在令他无法想象,他又忍不住问道:

"以君子之高才,为什么要屈居人下?"

白衣人淡淡道:"因为我本来就不如他。"

傅红雪忽然问:"他是谁?"

白衣人笑了笑,道:"我既然知道你是谁,你也应该知道他是谁的。"

傅红雪的手又握紧他的刀:"公子羽?"

白衣人笑道:"你果然知道。"

傅红雪忽然闪电般出手,抓住了他的手,谁知钟大师竟扑过来,用力抱住了傅红雪的臂,大声道:"你千万不能伤了这双手,这是天下无双的国手。"

白衣人大笑,挥刀剁肉的屠夫,忽然一刀向傅红雪头顶砍下。

肉案旁的一个菜贩,也用秤杆当作了点穴镢,急点傅红雪"期门""将台""玄机"三处大穴。

提着篮子买菜的主妇,也将手里的菜篮子向傅红雪头上罩了下去。

后面一个小贩用扁担挑着两笼鸡走过,竟抽出了扁担,横扫傅红雪的腰。

忽然间,刀光一闪,"咔嚓"一响,扁担断了,菜篮碎了,一杆秤劈成两半,一把剁肉刀斜斜飞了出去,刀柄上还带着只血淋淋的手。

笼中的鸡鸭飞出来,市场中乱得就像一锅刚煮沸的热粥。

砧板下的白衣人却已踪影不见。

人群涌过来,屠夫、菜贩、主妇、卖鸡的,都已消失在人丛中,琴声却又在远处响起。

傅红雪分开人丛走出去,人丛外还是人,却看不见他要找的人,可是他又听见了琴声。

琴声是从哪里传来的，他就往哪里走。他走得并不快。这虚无缥缈的琴声，任何人都无法捕捉，走得快又有什么用？

他也不放弃。只要前面还有琴声，他就往前面走，钟大师居然在后面跟着，雪白的袜子已破了，甚至连双脚底都走破了，也不知走了多久。

日色渐高，他们早已走出了市场，走出了城镇。暮春的微风，吹动着田野中的绿苗，远处山峦起伏，大地温柔得就像是处女的胸脯，他们走入了"她"的怀抱中。

四面青山，一曲流水，琴声仿佛就在山深水尽处。

青山已深，流水已静，小小的湖泊旁，有个小小的木屋。

木屋中有一琴一几，却没有人。

琴弦上仿佛还有余韵，琴台下压着张短笺：

刀缺琴断，月落花凋。

公子如龙，翱翔九天。

06

空山寂寂。

钟大师面对着远山，沉默了很久很久，才缓缓道："这里真是个好地方，能不走的人，就不必走了，不能走的人，又何必走？"

傅红雪远远地看着他，等着他说下去。

钟大师又沉默了很久："我已不准备走。"

傅红雪道："是不想走？还是不能走？"

钟大师没有回答,却回过头,面对着他,反问道:"你看我已有多大年纪?"

他满头白发,脸上已刻满了因心力交瘁而生的痛苦痕迹,看来疲倦而衰老,比傅红雪初见他时仿佛又老了许多。

他自己回答了自己问的话:"我少年就已成名,今年才不过三十五六。"

傅红雪看着他的倦容和白发,虽然没有说什么,却也不禁显得很惊讶。

钟大师笑了笑,道:"我知道我看来一定已是个老人,多年前我就已有了白发。"

他笑容中充满苦涩:"因为我的心血已耗尽,我虽然在那琴上赢得了别人梦想不到的安慰和荣誉,那张琴也吸尽了我的精髓骨血。"

傅红雪明白他的意思,一人倘若已完全沉迷在一样事里,就好像已和魔鬼做了件交易似的。

——你要的我全都给你,你所有的一切也得全部给我,包括你的生命和灵魂。

钟大师道:"这本是件公平的交易,我并没有什么好埋怨的,可是现在……"

他凝视着傅红雪:"你是学刀的,你若也像我一样,为你的刀付出了一切,却忽然发现别人一弹指间就可将你击倒,你会怎么样?"

傅红雪没有回答。

钟大师叹了口气,缓缓道:"这种事你当然不会懂的,对你来说,一把刀就是一把刀,并没有什么别的意义。"

傅红雪想笑,大笑。他当然笑不出。

——一把刀只不过就是一把刀?又有谁知道这把刀对他的意义?他岂非也同样和魔鬼做过了交易,岂非也同样付出了一切。他得到的是什么?

世上也许已没有第二个人能比他更明白这种事,可是他没有说出来。他的苦水已浸入他的骨血里,连吐都吐不出。

钟大师又笑了笑,道:"不管怎么样,你我既能相见,总是有缘,我还要为你再奏一曲。"

傅红雪道:"然后呢?"

钟大师道:"然后你若想走,就可以走了。"

傅红雪道:"你不走?"

钟大师道:"我?我还能到哪里去?"

傅红雪终于完全明白他的意思——这里是个好地方,他已准备埋骨在这里。对他说来,生命已不再是种荣耀,而是羞耻,他活着已全无意义。

"铮"一声,琴声又起。

窗外暮色已深了,黑暗就像是轻纱般洒下来,笼罩了山谷。

他的琴声悲凄,仿佛一个久经离乱的白发宫娥,正在向人诉说着人生的悲苦。

生命中纵然有欢乐,也只不过是过眼的烟云,只有悲伤才是永恒的。

一个人的生命本就是如此短促,无论谁到头来难免一死。

人活着究竟是为什么?

为什么要挣扎奋斗?为什么要受难受苦?为什么不明白只有死才是永恒的安息?

然后琴声又开始诉说着死的安详和美丽,一种绝没有任何人能用言语形容出的安详和美丽,只有他的琴声才能表达。

因为他自己本就已沉迷在死的美梦里。

死神的手仿佛也在帮着他拨动琴弦,劝人放弃一切,到死的梦境中去永远安息。

在那里，既没有苦难，也不必再为任何人挣扎奋斗。

在那里，既没有人要去杀人，也没有人要逼着别人去杀人。

这无疑也是任何人都不能抗拒的。

傅红雪的手已开始颤抖，衣衫也已被冷汗湿透。生命既然如此悲苦，为什么一定还要活下去？

他握刀的手握得更紧。他是不是已准备拔刀？拔刀杀什么人？

——只有他自己才能杀傅红雪，也只有傅红雪才能杀他自己。

琴声更悲戚，山谷更黑暗。

没有光明，没有希望。

琴声又仿佛在呼唤，他仿佛又看见了满面笑容的燕南飞和明月心。

他们是不是已获得安息？他们是不是在劝他也去享受那种和平美丽？傅红雪终于拔出了他的刀！

第二十二章

脱出樊笼

01

刀光一闪,斩的不是人头,是琴弦。

他为什么要挥刀斩断琴弦?

钟大师抬起头,吃惊地看着他,不但惊讶,而且愤怒。

刀已入鞘。傅红雪已坐下,苍白的脸在黑暗中看来,就像是用大理石雕成的,坚强、冷酷、高贵。

钟大师道:"就算我的琴声不足入尊耳,可是琴弦无辜,阁下为什么不索性斩断我的头颅?"

傅红雪道:"琴弦无辜,人也无辜,与其人亡,不如琴断。"

钟大师道:"我不懂?"

傅红雪道:"你应该懂的,可是你的确有很多事都不懂。"

他冷冷地接着道:"你叫别人知道人生短促,难免一死,却不知道死也有很多种。"

死有轻于鸿毛,也有重如泰山的,这道理钟大师又何尝不懂。

傅红雪道:"一个人既然生下来,就算要死,也要死得轰轰烈烈,死得安心。"

一个人活着若不能做好自己应该做的事,又怎么能死得安心?

生命的意义，本就在继续不断奋斗，只要你懂得这一点，你的生命就不会没有意义。人生的悲苦，本就是有待于人类自己去克服的。

"可是我活着已只有耻辱。"

"那么你就该想法子去做一件有意义的事，去洗清你的耻辱，否则你就算死了，也同样是种耻辱。"

死，并不能解决任何问题，只有经不起打击的懦夫，才会用死来作解脱。

"我在这把刀上付出的，绝不比你少，可是我并没有得到你所拥有过的那种安慰和荣耀，我所得到的只有仇视和轻蔑，在别人眼中看来，你是琴中之圣，我却只不过是个刽子手。"

"但你却还是要活下去？"

"只要能活下去，我就一定活下去，别人愈想要我死，我就愈想活下去。"傅红雪道，"活着并不是耻辱，死才是！"

他苍白的脸上发着光，看来更庄严，更高贵。一种几乎已接近神的高贵。

他已不再是那满身血污、穷愁潦倒的刽子手。他已找到了生命的真谛，从别人无法忍受的苦难和打击中找出来的！因为别人给他的打击愈大，他反抗的力量也就愈大。这种反抗的力量，竟使得他终于挣脱了他自己造成的樊笼。这一点当然是公子羽绝对想不到的！

钟大师也想不到。可是他看着傅红雪的时候，眼色中已不再有惊讶愤怒，只有尊敬。

——高贵独立的人格，本就和高尚独特的艺术同样应该受人尊敬。

他忍不住问："你是不是也想做一件有意义的事来洗清自己的耻辱？"

傅红雪道:"我正在尽力去做。"

钟大师道:"除了杀人外,你还做了些什么事?"

傅红雪道:"我至少已证明给他看,我并没有屈服,也没有被他击倒。"

钟大师道:"他是什么人?"

傅红雪道:"公子羽。"

钟大师长长吐出口气:"一个人能有那样的琴童,一定是个了不起的人!"

傅红雪道:"他是的。"

钟大师道:"但你却想杀了他?"

傅红雪道:"是。"

钟大师道:"杀人也是件有意义的事?"

傅红雪道:"如果这个人活着,别人就得受苦,受暴力欺凌,那么我杀了他就是件有意义的事。"

钟大师道:"你为什么还没有去做这件事?"

傅红雪道:"因为我找不到他。"

钟大师道:"他既然是个了不起的人,必定享有大名,你怎么会找不到?"

傅红雪道:"因为他虽然名满天下,却很少人能见到他的真面目。"

——这也是件很奇怪的事,一个人名气愈大,能见到他的人反而愈少。

这一点钟大师总应该懂的,他自己也名满天下,能见到他的人也很少。可是他并没有说什么,傅红雪也不想再说什么,该说的话,都已说尽了。

傅红雪站起来:"我只想让你知道,这里虽然是个好地方,却不是我们应该久留之处。"

所以外面虽然还是一片黑暗,他也不愿再停留。只要心地光明,又何惧黑暗?他慢慢地走出去,走路的样子虽然还是那么笨拙奇特,腰杆却是挺得笔直的。

钟大师看着他的背影,忽然道:"等一等。"

傅红雪停下。

钟大师道:"你真的想找公子羽?"

傅红雪点点头。

钟大师道:"那么,你就该留在这里,我走。"

傅红雪动容道:"为什么?你知道他会到这里来?"

钟大师不回答,却抢先走了出去。

傅红雪道:"你怎么会知道的?你究竟是什么人?"

钟大师忽然回头笑了笑,道:"你以为我是什么人?"

他的笑容奇怪而神秘,他的人忽然就已消失在夜色中,与黑暗融为一体。

只听他声音从远处传来:"只要你耐心在这里等,一定会找到他的。"

02

"你以为我是什么人?"

难道他并不是真的钟大师?难道他才是俞琴?否则他怎么知道公子羽的行迹消息?

傅红雪不能确定。他也没有见过钟大师的真面目,更没有见过俞琴。

公子羽是不是真的会到这里来？他也不能确定，却已决定留下来，这是他唯一的线索，不管怎么样，他都不能放弃。

夜更深了，空山里听不见任何声音。绝对没有声音就是种可怕的声音，一个人在这种情况下反而很难睡着。

傅红雪已睡下。睡下并不是睡着。小屋里没有燃灯，除了一张琴、一张几、一张榻外，屋里什么都没有。他饥饿而疲倦，他很想睡，这些年来，失眠的痛苦一直在折磨着他，能安安适适地睡一觉，对他来说已是奢求。为什么如此静？为什么连风声都没有？他只有自己咳嗽几声，几乎忍不住想自言自语，自己跟自己说几句话。就在这时，他忽然听见"铮"一响。

这是琴声！琴就在榻前的几上，除了他之外，屋里却没有别的人。

没有人拨动琴弦，琴弦怎么会响？

傅红雪只觉得一阵寒意从背脊上升起，忍不住翻了个身，瞪着几上的琴，星光正冷清清地照着琴弦。

琴弦又响了，"宫商、宫尺、宫羽"一连串响了几声。

是谁在拨动琴弦？是琴中的精灵？还是空山里的鬼魂？

傅红雪霍然跃起，就看见后窗外有条淡淡的黑影。那是人影？还是幽灵？人在窗外，又怎么能拨动几上的琴弦？傅红雪冷笑："好指力。"

窗外的黑影仿佛吃了一惊，很快地往后退。

傅红雪更快。几乎完全没有任何一点准备动作，他的人已箭一般蹿了出去。

窗外的人影凌空翻身，就已散入黑暗中。

空山寂寂，夜色清冷。傅红雪再往前进，看不见人，回过头来，却看见了一盏灯。

灯光鬼火般闪烁,灯在窗里,是谁在屋里燃起了灯?

傅红雪不再施展轻功,慢慢地走回去,烛光并没有灭,灯就在几上。几上的琴弦却已断了,整整齐齐地断了,就像是被利刃割断的。

屋里还是没有人,琴台下却又压着张短柬:

今夕不走,人断如琴。

字写得很好,很秀气,和刚才琴下压着的那张短柬,显然是出自同一人的手笔。

人在哪里?

傅红雪坐下来,面对着断弦孤灯,眼睛里忽然发出了光。只有鬼魂才能倏忽之间来去自如,他从不相信这世上真有鬼魂。世上若没有鬼魂,这屋中就一定有地道复壁,很可能就在榻前几下。在这方面,他并不能算是专家。可是他也懂。江湖中所有的鬼蜮伎俩,他多多少少都懂一点,"机关消息"这一类的学问虽然很复杂,要在一间小屋里找出复壁地道来,却并不太难。

公子羽是不是已经来了?从地道中来的?

傅红雪闭上眼睛,屏息静气,让自己的心先冷静下来,才能有灵敏的感觉。然后他就开始找。

他找不到。

——今夕不走,人断如琴。

——我找不到你,你总会找我的,我何妨就在这里等着你,看你怎么样将我的人断如此琴?

傅红雪慢慢地坐下来,将灯拨亮了些,光亮总是能使人清醒振奋,睡眠总是和他无缘的。

有时他想睡却睡不着,有时他要睡却不能睡。

斩断琴弦的人,随时都可以从密道复壁中出现,将他的人也像琴弦般斩断!

这个人究竟是不是公子羽?公子羽究竟是个什么样的人?

傅红雪手里紧紧握着他的刀,漆黑的刀,他垂首看着自己手里的刀,只觉得自己的人仿佛在渐渐往下沉,沉入了漆黑的刀鞘里。他忽然睡着了。

03

夜色深沉,一灯如豆,天地间一片和平宁静,没有灾祸,没有血腥,也没有声音。

傅红雪醒来时,还是好好地坐在椅上。他也不知道自己睡了多久,醒来后第一眼就去看他的刀。刀还在手里,漆黑的刀鞘,在灯下闪动着微光。也许他只不过刚闭上眼打了个盹而已。他实在太疲倦,他毕竟不是铁打的人,这种事总难免会发生的。只要他的刀仍在手,他就一无所惧。可是等他抬起头时,他的人立刻又沉了下去,沉入了冰冷的湖底,他的人仍坐在椅子上,他的刀仍在手里,可是这地方却已不是荒山中那简陋的木屋。

他第一眼看见的是幅画,一幅四丈七尺长的横卷,悬挂在对面的墙壁上。

这屋子当然还不止四丈七尺长。除了这幅画外,雪白的墙壁上还挂着各式各样的武器,其中有远在上古铜铁还未发现时人们用来猎兽的巨大石斧,有战国将士沙场交锋时用的长矛和方槊,有传说中武圣关羽惯使的青龙偃月刀,也有江湖中极罕见的外门兵刃跨虎篮和弧形剑。

其中最多的还是刀。

单刀,双刀,雁翎刀,鬼头刀,金背砍山刀,戒刀,九环刀,鱼鳞紫金刀……甚至还有一柄丈余长的天王斩鬼刀。

可是最令傅红雪触目惊心的,却还是一柄漆黑的刀!就跟他手里的刀完全一样。成千上百件兵刃,居然还没有将墙壁挂满,这屋子的宽阔,也就可想而知了。但是地上却铺着张很完整的波斯地毡,使得屋子里显得说不出的温暖舒服。屋里摆着的每一样东西都是经过精心选择的,傅红雪这一生中,从来也没有到过如此华丽高贵的地方。

现在他也不知道自己是怎么来的?这不是梦,却远比最荒唐离奇的梦更荒唐离奇得多。他握刀的手已冰冷,刀柄已被他掌心的冷汗湿透。

但是他既没有惊呼,也没有奔逃。他还是静静地坐在椅子上,连动都没有动。这个人既然能将他神不知鬼不觉地带到这里来,要杀他当然更容易。现在他既然仍还活着,又何必逃?又何必动?

突听门外一个人大笑道:"傅公子好沉得住气。"

门开了,大笑着走进来的竟是钟大师。

只不过这个钟大师样子已有些变了,身上的布衣已换上锦袍,白发黑了些,皱纹也少了些,看来至少年轻了一二十岁。

傅红雪只冷冷地看了他一眼,连一点惊讶的表情都没有,好像早已算准了会在这地方看见这个人似的。

钟大师一揖到地,说道:"在下俞琴,拜见傅公子。"

原来他就是俞琴,原来他才是公子羽的琴童,市场肉案旁的那个琴童,只不过是陪他演那出戏的一个小小配角而已。这出戏只不过是演给傅红雪一个人看的,真正的俞琴长得是什么样子,傅红雪反正也没见过,这出戏当然演得丝丝入扣,逼真得很。他们演这出戏,难道只不过为了要傅红雪听那一曲悲声，要他自觉心灰意冷，自己拔刀割了自己的脖子？现在这柄刀若是再拔出来，要割的当然不会是他自己的脖子了。

看见他手里的刀，俞琴远远就停下来，忽然道："这里是什么地方？我怎么会到这里来的？"

他笑了笑，接着道："这两句话本该是傅公子问我的，傅公子既然不问，只好由我来问了。"

他自己问的话，本来也只有自己回答。

谁知傅红雪却冷冷道："这里是个好地方，我既然已来了，又何必再问是怎么来的？"

俞琴怔了怔，道："傅公子真的不想问？"

傅红雪道："不想。"

俞琴看着他，迟疑地道："傅公子是不是想一刀杀了我？夺门而出？"

傅红雪道："不想。"

俞琴道："难道傅公子也不想走？"

傅红雪道："我来得并不容易，为什么要走？"

俞琴又怔住。他进来的时候，本以为傅红雪一定难免惊惶失措，想不到现在惊惶失措的却是他自己。

傅红雪道："坐下。"

俞琴居然就坐下。雕花木椅旁的白玉案上，有一张琴，正是天下无双，旷绝古今的名琴焦尾。

傅红雪道："请奏一曲，且为我听。"

俞琴道："是。"

"铮"一响，琴声已起，奏的当然已不是那种听了令人心灰意冷的悲音，琴声中充满了愉快欢悦、富贵荣华，就算实在已活不下去的人，听了也绝不会想死的。他自己当然更不想死。

傅红雪忽然问道："公子羽也在这里？"

俞琴虽然没有回答，可是琴声和顺，就仿佛在说："是的。"

傅红雪道："他是不是也想见我？"

琴声又代表俞琴回答："是的。"

傅红雪本是知音，正准备再问，外面忽然响起了一种奇怪的声音，单调、短促、尖锐、恐怖，一声接着一声，响个不停。

俞琴的手一震，琴弦突然断了两根。这尖锐短促的声音中，竟似带着种说不出的慑人之力。无论谁听见这种声音，都会觉得喉头发干，心跳加快，胃部收缩。甚至连傅红雪都不例外。

俞琴脸色已变了，忽然站起来，大步走了出去。

傅红雪并没有阻拦，他从不做没有必要的事，他必须集中精神，尽力使自己保持冷静镇定。

墙上的兵刃在灯下闪动着寒光，那幅四丈七尺长的横卷无疑也是画中的精品。他却连看都不再去看一眼，他绝不能被任何事分心。可是他仍然无法集中精神，那短促尖锐的声音一直在不停地响着，就像是一柄柄铁锤在不停地敲打着他的神经。直到门环响动的时候，他才注意到后面还有一扇门，一个美丽的白衣女人，正站在门外凝视着他，看来竟仿佛是卓玉贞。但她却不是卓玉贞。

她远比卓玉贞更美，美得清新而高贵，她的笑容温和优雅，风姿更动人，就连傅红雪都忍不住要多看她两眼。

她已走进来，轻轻掩上了门，从傅红雪身旁走过去，走到大厅中央，才转身面对着他，微笑道："我知道你就是傅红雪，你却一定不知道我是谁。"

她的声音也像她的人一样，高贵而优雅，可是她说话却很直率。显然不是那种矫揉做作的女人。

傅红雪不知道她是谁。

她却已经在说:"我姓卓,可以算是这里的女主人,所以你可以叫我卓夫人,假如你觉得这种称呼太俗,也可以叫我卓子。"

她微笑着又道:"卓子是我的外号,我的朋友都喜欢叫我这名字。"

傅红雪冷冷道:"卓夫人。"

他不是她的朋友。他没有朋友。

卓夫人当然明白他的意思,却还是笑得很愉快,道:"难怪别人都说你是个怪人,你果然是的。"

傅红雪自己也承认。

卓夫人眼波流转,道:"难道你也不想问问我,卓玉贞是我的什么人?"

傅红雪道:"不想。"

卓夫人道:"这世上难道真的没有任何事能让你动心?"

傅红雪闭上了嘴。他若是拒绝回答一句话,立刻就会闭上嘴,闭得很紧。

卓夫人叹了口气,道:"我本来以为你至少会看看这些武器的,所有到这里来过的人,都对这些武器很有兴趣。"

这些武器的确都是精品,要收集到这么多武器的确不容易,能看得见已经很不容易。这种机会,练武的人很少愿意错过的。

她忽然转身走到墙下,摘下了一柄形式古朴,黝黑沉重的铁剑:"你认不认得出这是谁用的剑?"

傅红雪只看了一眼,立刻道:"这是郭嵩阳用的剑。"

他本来并不想说的,却忍不住说了出来——他不能被她看成无知的人。

卓夫人微笑道:"果然好眼力。"

这句话中的赞赏之意并不多,昔年嵩阳铁剑纵横天下,兵器谱中排名第四，不认得这柄剑的人实在也不多。

卓夫人道："这虽然只不过是仿造的赝品，可是它的形状、分量、长短，甚至连炼剑用的铁，都绝对和昔年那柄嵩阳铁剑完全一模一样。"

她笑容中忍不住露出得意之色："就连这条剑穗，也是郭家的姑奶奶亲手结成的。除了他们家传的铁剑之外，普天之下，只怕已很难再找出第二条来！"

她挂起这柄剑，又摘下一条长鞭，乌光闪闪，宛如灵蛇。

傅红雪道："这是西门柔用的，鞭神蛇鞭，兵器谱上排名第七！"

卓夫人笑道："你既然认得这条蛇鞭，当然也认得诸葛刚的金刚铁拐。"

她挂起长鞭，却从金刚铁拐旁摘下了一对流星锤。

傅红雪道："风雨双流星，兵器谱上排名第三十四。"

卓夫人道："好眼力。"

这次她口气中的赞赏之意已多了些，忽然走到墙角，摘下对铁环，道："昔年金钱帮称霸武林，帮主上官金虹威震天下，这就是他用的龙凤双环。"

傅红雪道："这不是。"

卓夫人道："不是？"

傅红雪道："这是多情环，是西北铁环门下弟子的独门武器。"

卓夫人道："杀人的武器，怎么会叫作多情？"

傅红雪道："因为它只要一搭上对方兵刃，就纠缠不放，就好像多情的人一样！"

他苍白的脸上忽然露出种奇怪的表情，接着道："情之所钟，纠缠入骨；海枯石烂，至死方休。多情的人岂非也总是杀人的人！"

卓夫人轻轻叹了口气，道："情之所钟，不死不休。有时不但害了别人，也害了自己。"

傅红雪道："只怕通常害的都是自己。"

卓夫人慢慢地点了点头，道："不错，通常害的都是自己。"

两个人默默相对，过了很久，卓夫人才嫣然一笑，道："这里的兵刃，你有没有不认得的？"

傅红雪道："没有。"

卓夫人淡淡道："这里的每件武器都有来历，都曾经在江湖中轰动过一时，要认出它们来，倒也不是什么太困难的事。"

傅红雪道："世上本就没有真正困难的事。"

卓夫人道："只可惜有些兵刃虽然早已名动天下，杀人无算，却从来也没有人能真正见到过它的真面目，譬如说……"

傅红雪道："小李飞刀？"

卓夫人道："不错，小李飞刀，例不虚发，连武功号称无敌的上官金虹，都难免死于刀下，的确可算是天下第一名刀。"

她又叹了口气，道："可惜直到现在为止，还没有人能看见过那柄刀。"

刀光一闪，已入咽喉，刀的长短形状，又有谁能看得清楚？

卓夫人叹道："所以直到今天，这还是武林中一个最大的谜，我们费尽了苦心，还是没法子打造出一柄同样的飞刀来。沧海遗珠，实在是遗憾得很。"

傅红雪道："这里好像还少了一样武器。"

卓夫人道："孔雀翎？"

傅红雪道："不错。"

卓夫人笑了笑，道："世上本就没有十全十美的事，幸好我们总算已有了这柄刀。"

她忽然从墙上摘下了那柄漆黑的刀。

刀光一闪，刀已出鞘，不但长短形状完全一样，刀锋上竟赫然也有三个缺口。

卓夫人微笑道："我知道这柄刀不是给人看的，只怕连你自己都很少看到！"

傅红雪的脸已苍白得几乎透明，冷冷道："我知道有些人也一样！"

卓夫人道："人？"

傅红雪冷冷道："有些人虽然早已名动江湖，杀人无算，但却从来也没有人能见到他的真面目，譬如说……"

卓夫人道："公子羽？"

傅红雪道："不错，公子羽。"

卓夫人又笑了笑，道："你真的从来也没有见到过他？"

她笑得仿佛很奇怪，很神秘，傅红雪的回答却很简单："我没有。"

卓夫人笑道："现在你既然已来了，迟早总会见到他的，又何必太急？"

傅红雪道："他要等到什么时候才来见我？"

卓夫人道："快了。"

傅红雪冷冷道："既然已快了，现在又何必还要苦练拔刀？"

那单调、短促、尖锐的声音还在不停地继续着，一声接着一声。难道这就是拔刀的声音？

傅红雪道："刀法千变万化，拔刀却只不过是其中最简单的动作。"

卓夫人道："这动作你练了多久？"

傅红雪道："十七年。"

卓夫人道："就只这么样一个简单的动作，你就练了十七年？"

傅红雪道:"我只恨未能多练些时候!"

卓夫人又笑了,道:"你既然能练十七年,他为什么不能练?"

傅红雪道:"因为纵然能多练一两天也没有用!"

卓夫人微笑着坐下来,面对着他,道:"这次你错了。"

傅红雪道:"哦!"

卓夫人道:"他并不是在拔刀!"

傅红雪道:"不是?"

卓夫人道:"他是在拔剑。"

她慢慢接着道:"近百年来,江湖中名剑如林,新创的剑法就有九十三种,千变万化,各有奇招,有些剑法之招数怪异,简直已令人不可思议,可是拔剑的动作,却还是只有一种。"

傅红雪道:"不是只有一种,是只有一种最快!"

卓夫人道:"可是要找出这最快的一种来并不容易。"

傅红雪道:"最简单的一种,即是最快的一种。"

卓夫人道:"那也得经过千变万化之后,才能归真返璞。"

所有武功中的所有变化,本就变不出这个"快"字。

卓夫人道:"他苦练五年,才找出这一种方法来。就只这么样一个简单的动作,他也已练了十七年,至今还在练,每天至少都要练三个时辰。"

傅红雪的手握紧刀柄,瞳孔已收缩。

卓夫人凝视着他,温柔的眼波也变得利如刀锋,一字字道:"你知不知道他如此苦练拔剑,为的是什么?"

傅红雪道:"为的是对付我?"

卓夫人叹了口气,道:"你又错了。"

傅红雪道:"哦?"

卓夫人道:"他并不是一定要对付你,也并不是只为了要对付你一个人。"

傅红雪终于明白："他要对付的，是普天之下，所有的武林高手。"

卓夫人点点头，道："因为他决心要做天下第一人！"

傅红雪冷笑，道："难道他认为只要击败了我，就是天下第一人？"

卓夫人道："直到现在为止，他都是这么想的。"

傅红雪道："那么他就错了。"

卓夫人道："他没有错。"

傅红雪冷冷道："江湖中藏龙卧虎，风尘中尤多异人，武功远胜于我的，还不知有多……"

卓夫人打断了他的话，道："可是至今为止，还没有人能击败你。"

傅红雪闭上了嘴。

卓夫人道："我也看得出要击败你并不是件容易事，到这里来的人，你的确是最特别的一个。"

傅红雪忍不住问道："这里已经有很多人来过？"

卓夫人避开了这问题，道："墙上挂着的这些武器，不但收集极全，而且都是精品，只要是练过武的人，都难免会多看几眼的，只有你居然能全不动心。"

她叹息着，又道："最奇怪的是，连这幅画你都没有看一眼。"

傅红雪道："我为什么一定要看？"

卓夫人道："只要你去看一眼，就会明白。"

突听一个人道："既然他迟早总难免要看，你又何必太急？"

优柔从容的声音，显示出这个人教养良好，彬彬有礼。

多礼本就是冷淡的另一面，这声音却又偏偏带着种奇异的热情。一种几乎已接近残酷的热情。

如果天地间真的具有足以毁灭一切的力量，无疑就是从这种热情中产生的。也只有公子羽这样的人，才会有这种可怕的热情。他显然也在渴望见到傅红雪。他知道他们相见的时候，就是毁灭的时候，两个人之中，至少有一个要被毁灭。

现在他已到了傅红雪身后，他的掌中若有剑，已随时都可以刺入傅红雪的要害中。

他究竟是什么样一个人？他的掌中是否有剑？

第二十三章

公子羽

01

傅红雪没有回头,也没有动。

他不能动。他已感觉一种无坚不摧、无孔不入的杀气,只要他一动,无论什么动作,都可能为对方造成一个出手的机会。就连一根肌肉的抽紧,也可能造成致命的错误。虽然他明知公子羽这样的人,是绝不会在他背后出手的。可是他不能不防备。

公子羽忽然笑了,笑声更优雅有礼,道:"果然不愧是天下无双的高手。"

傅红雪保持沉默。

卓夫人却眨了眨眼,道:"他连动都没有动,你就能看出他是高手?"

公子羽道:"就因为他没有动,所以才是天下无双的高手。"

卓夫人道:"难道不动比动还难?"

公子羽道:"难得多了。"

卓夫人道:"我不懂。"

公子羽道:"你应该懂,你若是傅红雪,若是知道我忽然到了你身后,你会怎么样?"

卓夫人道:"我一定会很吃惊!"

公子羽道:"吃惊难免要警戒提防,就难免要动。"

卓夫人道:"不错!"

公子羽道:"只要你一动,你就死了!"

卓夫人道:"为什么?"

公子羽道:"因为,你根本不知道我会从什么地方出手,所以无论你怎么移动,都可以造成致命的错误。"

卓夫人道:"像你这么样的对手,若是忽然到了一个人身后,无论谁都难免会紧张的,就算人不动,背上的肌肉也难免会抽紧!"

公子羽道:"可是他没有,我虽然已在他身后站了很久,他全身上下连一点变化都没有!"

卓夫人终于叹了口气,道:"现在我总算明白了,不动的确比动难得多!"

你若知道有公子羽这么样一个人站在自己背后,全身肌肉还能保持放松,那么你这人的神经一定比冰冷得多。

卓夫人忽又问道:"他不动你难道就没有机会出手?"

公子羽道:"不动就是动,所有动作变化的终点,就是不动。"

卓夫人道:"空门太多,反而变得没有空门了,因为整个人都已变成空的,空空荡荡,虚无缥缈,所以你反而不知道应该从何处出手?"

公子羽笑了笑,道:"这道理我就知道你一定会懂的。"

卓夫人道:"我也知道你根本就不会出手,你若要在背后杀他,有很多次机会都比这次好得多。"

她微笑着,又道:"因为你的目的并不是要杀他,而是要击败他。"

公子羽忽然叹了口气,道:"要杀他容易,要击败他就难得多了。"

他终于从傅红雪身后走了出来。他的脚步安详而稳定。就在这一瞬间，傅红雪忽然觉得一阵虚脱，冷汗已湿透衣服。

他绝不能让公子羽发现这一点，他忽然道："你为什么要舍易而求难？"

公子羽深深地道："因为你是傅红雪，我是公子羽。"

02

现在公子羽终于已面对傅红雪，傅红雪却还是没有看见他的真面目。从背后看过去，他的风度优美，无懈可击。可是，他脸上却偏偏戴着个狰狞而丑恶的青铜面具！

傅红雪冷冷道："想不到公子羽竟不敢以真面目见人。"

卓夫人道："你又错了。"

傅红雪冷笑。

卓夫人道："你现在看见的，就是公子羽的真面目。"

傅红雪道："我看见的只不过是个面具。"

卓夫人道："我脸上难道没有戴面具？难道你一生下来就是这种冰冰冷冷连一点血色都没有的样子？难道这不是你的真面目？"

傅红雪又闭了嘴。

卓夫人道："其实你应该明白的，无论他长得是什么样子都不重要，只要你知道他是公子羽，这一点才是最重要的。"

这是事实，就连傅红雪都不能不承认，因为他不能不问自己。

——现在的我，究竟是不是我的真面目？我的真面目，究竟是什么样子的？

公子羽淡淡道："我并不想看你的真面目，我只要知道你是傅红雪，就已够了。"

傅红雪凝视着他，过了很久，才深深道："现在你已知道我是傅红雪，我已知道你是公子羽。"

公子羽道："所以有件事我们现在一定要解决。"

傅红雪道："什么事？"

公子羽道："我们两个人之中，现在已只有一个人能活下去。"

他的声音仍然冷酷而有礼，显然对自己充满信心："谁强，谁就活下去。"

傅红雪道："这种事好像只有一种方法解决！"

公子羽道："不错，只有一种法子，自古以来，就只有这一种法子。"

他凝视着傅红雪手里的刀："所以我一定要亲手击败你。"

傅红雪道："否则你就情愿死？"

公子羽目光中忽然露出种说不出的悲哀之意，道："否则我就非死不可。"

傅红雪道："我不懂。"

公子羽道："你应该懂的，我不要别人杀你，就为了要证明我比你强。我一定要做天下最强的人，否则我宁可死。"

他的声音中忽然又充满了讥诮："武林就像是个独立的王国，只能允许一个帝王存在，不是我，就是你！"

傅红雪道："这次只怕是你错了！"

公子羽道："我没有错，有很多事都能证明，除了我之外，你就是当今天下武功最强的人！"

他忽然转过身，面对着壁上的那幅画，慢慢地接着道："你能活着走进这屋子，并不是件容易事，不是运气。"

卓夫人轻轻叹了口气，道："绝不是。"

画上的人物繁多，栩栩如生，画的仿佛是一段段故事。每一段故事中，都有一个相同的人。这个人就是傅红雪。他面对这幅画时，第一眼看见了他自己——

阴暗的天气，边陲上的小镇，长街上正有两个人在恶斗。一个人白衣如雪，手里却挥舞着一柄鲜红的剑，另一人掌中的刀漆黑。

公子羽道："你应该记得，这是凤凰集。"

傅红雪当然记得，那时凤凰集还没有变成死镇，那也是他第一次见到燕南飞！

公子羽道："这一战你击败了燕南飞。"

在第二段画面上，凤凰集已变成了个死镇，烟雾迷漫中，两个人跪在傅红雪面前。

公子羽道："这一战你击败了五行双杀。"

然后就是马鞍中的毒蛇，鬼外婆的毒饼，明月高楼上的毒酒。

荒凉的倪家废园中，一个赤足的年轻人正在他刀下慢慢地倒下去。

公子羽道："杜雷本是江湖少见的好手，他的刀法是从苦难中磨练出来的，虽然有些骄矜做作，我还是想不到你一刀就能杀了他！"

傅红雪道："杀人的刀法，本就只有一刀！"

公子羽叹道："不错，念动神知，后发先至，以不变应万变，一刀的确就已够了！"

这一刀不但已突破了刀法中所有招式的变化，也已超越了形式和速度的极限。

卓夫人道："让我最想不到的是，你居然能从孔雀山庄那地室中逃出来！"

孔雀山庄变为一片瓦砾，卓玉贞就已在画面上出现。天王斩鬼刀怒斩奔马，郝厨子车前炖肉，明月心和卓玉贞被送入孔雀山庄的地室，公孙屠出现，卓玉贞地室中产子……

看到这里，傅红雪的手足已冰冷。

卓夫人道："她是根绳子，我们本想用她来绑住你的手，你心里若是一直惦记着她和那两个孩子，你的手就等于被绑住了。"

一双手已经被绑住了的人，当然就不值得公子羽亲自动手。

卓夫人叹道："但是我们却想不到，在那种情况下，你居然还能杀了天王斩鬼刀！"

傅红雪的手握紧，道："那时你们已准备让她暴露身份，为什么还要她杀杜十七？"

卓夫人道："因为我们还要利用她做最后一件事。"

傅红雪道："你们要她用那两个孩子逼我拿出天地交征阴阳大悲赋？"

卓夫人点点头，道："直到那时候我们才相信，阴阳大悲赋并没有落在你手里，因为我们知道你为了那两个孩子，是不惜牺牲一切的。"

她又叹了口气，道："只可惜你居然练成了大移穴法，居然没有死在她手里，更可惜的是，你居然狠不下心来杀她！"

于是画幅上就出现了那个戴茉莉花的女孩子，正将一匙鸡汤喂入傅红雪嘴里。邻家的老妪正在杀鸡，戴着茉莉花的小婷正在街头的小店中买酒，肥胖的酒铺老板看着她的胸膛，带着淫猥的笑意。他却已醉倒在那低俗的斗室中，仿佛已渐渐习惯了那种卑贱的生活。

卓夫人道："那时我们本来以为你已完了，就算你还能杀人，也只不过是个疯狂的剑子手，已不值得公子对付你！"

公子羽要对付的，只不过是武林中最强的一个人。

卓夫人道："如果你已不是武林中最强的人，就算死在阴沟里，我们也不会关心的，所以那时我们已准备找别人去杀了你。"

傅红雪道："只可惜能杀我的人也不多。"

卓夫人道："我们至少知道一个。"

傅红雪道："谁？"

卓夫人道："你自己。"

傅红雪立刻又想起那凄苦绝望的声音，足以令人完全丧失求生的斗志。无论谁都想不到他到了那种时候，居然还有勇气活下去，也许就因为他有这种勇气，所以才能活到现在。如果连他自己都能击败自己，又何必公子羽亲自出手？

公子羽道："所以你现在总该已明白，你能活着到这里来，绝不是运气。"

傅红雪再问一遍："你这么样做，只因为你一定要证明你比我强？"

公子羽道："不错。"

他眼睛忽又露出那种说不出的悲哀和讥诮之意，道："因为这一切都只有最强的人才能享受，你若能胜了我，这一切都是你的。"

傅红雪道："这一切？"

卓夫人道："这一切的意思，就是所有的一切，其中不但包括了所有的财富、荣誉和权力，甚至还包括了我。"

她笑了笑，笑得温柔而甜蜜："只要你能胜了他，连我都是你的。"

03

推开门走出去，是条漫长的甬道，就像是永远也走不到尽头。公子羽已推开门走出去，然后再回身。

"请，请随我来。"

卓夫人并没有跟着傅红雪走出来，现在他们已走到甬道的尽头。

尽头处也是道雕花的木门，精美而沉重，里面一间空阔的大厅中，有个宽广的石台，四面角落上，都有个巨大的火炬。

公子羽慢慢地走上去，站在石台中央："这就是我们的决斗之处。"

傅红雪道："很好。"

平坦的石台，明亮的火炬，无论你站在哪里，无论面对着哪一个方向都一样。屋子里甚至连一点风都没有，你出手时的准备和速度，绝不会受到任何外来的影响。

公子羽显然并不想在天时地利上占他的便宜。能做到这一点已经很不容易。

石台两旁，各有三张宽大舒服的椅子，距离石台的边缘，都正好是七尺。

公子羽道："我们交手时，只能让六个人来观战，他们也就是这一场决斗的证人，你可以任意地选择出三位。"

傅红雪道："不必。"

公子羽道："高手相争，胜负的关键往往会决定在一件很小的事上，有自己的朋友在旁边照顾，总比较安心些，你为什么要放弃这权利？"

傅红雪道："因为我没有朋友。"

公子羽凝视着他，道："这权利你还是不妨保留，我找来的人之中，如果有让你觉得不安的，你随时都可以拒绝。"

傅红雪道："很好。"

公子羽道："你连日劳累，精神体力都难免差些，不妨先在这里休养一段时候，所以决斗的日期，也由你来选择！"

傅红雪迟疑着，道："明日此刻如何？"

公子羽道："很好。"

傅红雪道:"那么明天我再来!"

公子羽道:"你不必走,我已经在这里为你准备了居室衣服,你可以安心休养,绝不会有人打扰你,你若有什么需要,我们也可以负责替你办到。"

傅红雪道:"看来这的确好像是场很公平的决斗。"

公子羽道:"绝对是的。"

傅红雪道:"我的棺材你想必也早已准备好了。"

公子羽居然并不否认,道:"那是口上好的楠木棺材,是特地从柳州运来的,你若想先去看看,我也可以带你去。"

傅红雪道:"你已看过?"

公子羽道:"我看过。"

傅红雪道:"你很满意。"

公子羽道:"很满意。"

傅红雪淡淡道:"那就够了。"

公子羽的反应更平淡,道:"现在你也许只想去看看你的床。"

傅红雪道:"是的。"

华丽的丝绒窗帘掩住了日色,屋子里黝暗如黄昏。

外面又响起了单调而短促的拔剑声,傅红雪已完全清醒。

刚才他居然睡着了。他并不是被剑声惊醒的,他忽然醒来是因为室里已多了一个人。一个苗条修长的人影,斜倚着窗棂,背对着他,在一件柔软的丝袍下,依稀可以看得出她的腰肢纤细,双腿笔直。

她知道傅红雪已醒来,并没有回头,却轻轻叹息了一声,悠悠地道:"又是一天过去了,日复一日,年复一年,这样的日子要过到什么时候为止?"

高贵优雅的声音,柔和优美的体态,却带着种说不出的厌倦之意。

傅红雪没有反感。

卓夫人慢慢地接着道:"也许你认为我根本不该来的,我毕竟还是他的妻子,可是这种日子我实在已过得腻了,所以……"

傅红雪道:"所以你希望我能击败他?"

卓夫人道:"不错,我的确希望你能击败他,这么多年来,你是唯一有机会能击败他的一个人,你击败他之后,我的生活才会改变。"

傅红雪道:"胜者就能得到一切?"

卓夫人道:"所有的一切。"

傅红雪道:"甚至连他的妻子也不例外?"

卓夫人道:"是的。"

傅红雪忽然冷笑,道:"你既然不是个好妻子,他也不必冒这种险的。"

卓夫人道:"可是他要证明他比你强。"

傅红雪冷冷道:"证明给谁看?这里难道另外还有个主宰他命运的人?他这么样做,也因为他根本没有选择的余地?"

卓夫人霍然回头,凝视着他,美丽的眼睛中充满了惊讶,过了很久,才叹了口气,道:"你怎么会有这种想法的?"

傅红雪道:"你若是我,你会怎么想?"

卓夫人道:"我至少不会像你这样胡思乱想,我会一心想着要怎么样才能击败他。"

她慢慢地走过来,腰肢柔软,眼波如水:"我虽然不能算是个好妻子,却是个很好的女人,你也应该看得出的。"

傅红雪道:"我看不出。"

卓夫人轻轻叹了口气,道:"现在你不妨再看看。"

这句话说完,她身上柔软的丝袍已滑落。

傅红雪的呼吸停顿——他不能不承认这的确是他平生所见过最完美无瑕的胴体。一个高贵的女人，忽然赤裸在自己面前，这种诱惑更令人难以抗拒。

她静静地站在床头，看着他，道："只要你能战胜，这一切都是你的，但现在却还不是。"

傅红雪苍白的脸上已泛起红晕。他知道自己身体上的变化，他知道她一定也已注意到。

美丽的黄昏，屋子里如此安静，充满了从她身上散发出的优雅香气。

他毕竟是个男人。

她却已拾起了衣衫，燕子般轻盈地走了，走出门，忽又回眸一笑，道："现在我还不是你的，可是你若需要，我可以找别人来陪你。"

傅红雪握紧双手，忽然问道："卓玉贞是不是在这里？"

卓夫人点点头。

傅红雪道："去找她来，立刻就来。"

卓夫人吃惊地看着他，好像连做梦都想不到他会提出这要求。

傅红雪冷冷道："你刚说道，只要是我要的，你们都可以为我办到。"

卓夫人又笑了，笑容中竟似带着一种说不出的诡秘之意，道："你为什么一定要选她？你为什么不选明月心？"

傅红雪的身子突然僵硬。

卓夫人悠然道："你想不到她还没有死？"

傅红雪道："我……"

卓夫人道："她也在这里，要不要我去带她来？"

她忽又沉下脸，冷冷道："我知道你不会要的，你要的是卓玉贞，你喜欢的一向都是她那种低贱毒辣的女人。"

"砰"的一声,门被重重地关上。这次她走的时候,已不再回头。

她为什么会忽然变得如此冲动愤怒?只为了傅红雪要找的是卓玉贞?

一个美丽狡黠而冷静的女人,通常是不会为这种事生气的。

傅红雪还是静静地躺在床上,那单调而短促的拔剑声还在不停地继续着。别人为了这一战已付出这么大的代价,他若为了女人们烦恼,岂非太愚蠢?

可是他仍然不能不去想明月心。她若真的还没有死,落在这些人手里,遭遇也许比死更悲惨。

想到这一点的时候,他才发现自己已很久很久没有想到过她了。

一个人对自己心里内疚的事,总是会尽量避免去想的。

忽然间夜已很深,屋子里一片黑暗,外面却有了敲门声。

"什么人?"

"是卓姑娘,卓玉贞卓姑娘。"两个丫环扶着卓玉贞走进来。

她打扮得很美,乌黑的头发上戴满了珠玉,一件鲜红的披风长长地拖在地上,看来竟有几分像是奉旨和番的美人王昭君。

现在她当然已不必再作出那种楚楚可怜的样子,她冷冷地看着傅红雪,面无表情。

丫环们放下纱灯,吃吃地笑着,悄悄地走了。

卓玉贞忽然冷冷道:"是你找我来的?"

傅红雪点点头。

卓玉贞道:"找我来报仇?"

傅红雪道:"我找你来,只因为我本来有几件事要问你。"

卓玉贞道:"现在呢?"

傅红雪道："现在我已不想问，所以你不妨走。"

卓玉贞道："你不想报复？"

傅红雪道："不想。"

卓玉贞道："你也不想要我上床？"

傅红雪闭上了嘴。他并不怪她，她说这种话，也并不是令人惊讶的事。一个像她这样的女人，若是知道自己不能再用行动去伤害别人时，总是会说些刻毒的话去伤人的。她伤害别人，也许只不过因为要保护自己。

他并不怪她，只是忽然觉得很疲倦，只希望她快走，永远莫要再见。他忽然发现其他的事都不重要，只有明日的那一战才是最重要的。他一定要击败这个直到此刻还在不停拔剑的人，只有战胜这个人，他才能揭破所有的秘密，才能重见明月心。

可是卓玉贞却偏偏还站在那里，盯着他，眼睛里充满了悲哀和怨恨。忽然道："你既然根本没有把我放在心上，又何必一定要我来？"

傅红雪道："就算我不该叫你来的，现在你还是一样可以走。"

卓玉贞道："不一样了。"

傅红雪道："有什么不一样？"

卓玉贞道："不一样了，不一样了……"

她仿佛根本没有听见傅红雪在问什么，嘴里只是不停地反复说着这句话，也不知说了多少遍，眼泪忽然滚落面颊。她的人也倒了下去。鲜红的披风散开，露出了鲜红的血色。

是真的血。鲜血已染红了她赤裸的胴体，她全身上下几乎已没有一处完整的皮肉。

傅红雪的人跳起来，心却已沉下去。

卓玉贞咬着牙，道："现在你总该已明白，为什么不一样了……"

傅红雪道："就因为我要你来，她就将你折磨成这样子？"

卓玉贞笑了笑，道："其实你早就应该知道，她虽然不让你去碰她，可是她也不愿让你碰别的女人，因为……"

她的笑比哭更悲惨，她还想说下去，但却连一个字都无法再说。

傅红雪还在问："为什么？为什么？"

卓玉贞又笑了笑，眼帘已合起，一阵浓烈的药味从散开的披风里传出。她死得并不痛苦，因为她全身上下早已被卓夫人的药物麻木。

据说在遥远的天竺，尼罗河畔肥沃的土壤中，生长着一种美丽而奇异的花朵，叫作罂粟，不但可以麻醉人的肉体，也能麻醉人的灵魂。

有的女人岂非也正如这种花一样，在她那高贵优雅的躯体中流动着的血，竟比罂粟的花汁更毒。

她为什么要做这种事？只为了不愿让傅红雪碰别的女人？

她和傅红雪相见还不到半日，为什么就有了这种疯狂的妒忌？

没有爱的人，怎么会妒忌？相见只半日的人，怎么会有爱？

傅红雪慢慢地站起来，慢慢地走过去，轻轻地去推门。如果门已从外面锁上，如果门是铁铸的，他也不会觉得意外。他心里已有了准备。无论在什么样的情况下，无论发生了什么样的事，他都已准备承受。

想不到他轻轻一推，门就开了。门外没有人，漫长的甬道中也没有人，只有那单调短促的拔剑声，还在不停地响。

他沿着这声音传出的方向往前走，甬道长而曲折，每间屋子的距离都很远，也不知经过多少转折后，他才看见一扇门。门里静悄悄的，没有人声，也没有拔剑声。

他还是推开门走进去。他又走回了他刚才走出来的那间屋子，倒在血泊中的卓玉贞已不见了。

屋子里还是同样幽静,虽然少了一个人,却多了一桌菜。

现在正是晚饭的时候。六样很精致的菜,还是热的,还有一盘竹节小馒头,一锅粳米饭,一缸还没有开封的酒。

现在他实在很需要喝一点酒,但是他却又走了出去。

同样的甬道,同样静寂,他的走法却已不同。他本来走得很慢,现在走得快些,本来是往右走的,现在却往左。

又不知经过多少转折后,他又看见一扇门,门里静悄无声。这里的门,形式雕花还是完全一样的,只不过刚才他走出来时,并没有掩上门,这扇门却关着。

他推开门走进去,他已再三告诉自己,一定要沉住气,一定要冷静。可是他走进这扇门,还是不免很难受,因为他又看见了那桌菜;他又走进了刚才走出来的那间屋子,菜还是热的,竟似比刚才还热些。

酒缸下却多了张短柬,字写得很秀气,显然是女子的字迹:

明月本无心,何必寻月?
小饮可酣睡,不妨独酌。

傅红雪坐了下来。他一定要勉强自己坐下来,因为他已发现,无论怎么走,结果都是一样,他还是会走回这里,还是会看见这一桌好像永远都不会冷的饭菜。

他也想勉强自己吃一点,可是等他拿起筷子,就发现不对了。刚才他看见的六盘菜,其中有一碟松鼠黄鱼,还有一碟是糖醋排骨,虽然他只看了一眼,可是他记得很清楚,他对醋的酸味道一向特别敏感,但现在这六道菜却全是素的,满满的一锅粳米饭变成了一锅粳米粥。

他终于发现这里并不是他刚才走出来的那间屋子。这里的每间屋子,不但门户相同,里面的家具装置也是完全一模一样,连他自己都已分不清,他原来住的是这间屋子,还是刚才那一间?

床上的被褥凌乱,显然已有人睡过,刚才睡在这张床上的,究竟是他还是别人?如不是他,那么是谁?

这个神秘而奇怪的地方,究竟住着些什么人?

第二十四章

神秘老人

01

寝室后还有间小屋，里面隐约的有水声传出。

他忍不住走过去，门是虚掩着的，他只看了一眼，全身的热血就几乎全都冲上了头顶。

寝室后这小屋竟是间装修得很华丽的浴室，池水中热气腾腾，四面围着雕花的玉栏杆，栏杆上挂着件宽大的白布长袍。

一个人背对着他，站在浴池里，雪白的皮肤光滑如丝缎，腰肢纤细，臀部丰圆，修长挺直的双腿，看来就像是白玉雕成的。

傅红雪看不见她的脸，只看见她头上的三千烦恼丝都已被剃得干干净净，顶上还留着受戒的香疤。

这个入浴的美人，竟是个尼姑。

傅红雪并不是没有看过女人，也不是没有见过赤裸的女人，可是一个赤裸着的尼姑，就完全是另外一回事了。

这尼姑的胴体之美，虽然令他目眩心动，但是他也绝不敢再去看第二眼。

他立刻冲了出去，过了很久之后，心跳才渐渐恢复正常。

他心里立刻又有了种奇怪的想法："这尼姑会不会是明月心？"

这不是没有可能。受过了那么多打击挫折之后，明月心很可能已出家为尼，但他却再也没有勇气回去查证了。

就在这时，他又看见了一扇门，同样的雕花木门，仿佛也是虚掩着的，这间屋子是不是他原来住的那间，他已完全无法确定。

屋子里住着的说不定就是明月心，也说不定是那心如蛇蝎般的卓夫人。

既然来了，他当然要进去看看。他先敲门，没有回应，轻轻将门推开一边，里面果然也有一桌菜；现在本就正是吃饭的时候，无论什么样的人都要吃饭的。

一股酥酥甜甜的味道，从门里散出来，桌上的六盘菜之中，果然有一样松鼠黄鱼，一样糖醋排骨。

转了无数个圈子后，他又回到了刚才出发的地方，他反而觉得松了口气，正准备推门走进去，突听"砰"的一声响，门竟往里面关上了。

一个冰冷冷的女子声音在门里道："是什么人鬼鬼祟祟地站在外面？快走！"

傅红雪的心又一跳。

他听得出这声音，这是明月心的声音，他忍不住问："明月心，是你？"

过了半晌，他又报出了自己的姓名，他以为明月心一定会开门的。

谁知她却冷冷道："我不认得你，你快走。"

她是不是有什么不得已的苦衷？是不是已被人所看管，不敢跟他相认？

傅红雪突然用力撞门。雕花的木门，总是要比朴实无华的脆弱得多，一撞就开了。

他走过去，一个人正站在床前冷冷地看着他，却不是明月心，是卓夫人。

她看来也像是刚从浴池中出来的，赤裸的身子上，已裹了块柔软的丝巾，丝巾掩映间，却使得她的胴体看来更诱人。傅红雪怔住。

卓夫人冷冷道："你不该这样闯进来的，你应该知道现在我是别人的妻子。"

她的声音听起来果然和明月心依稀有些相似。傅红雪直视着她，仿佛想从她脸上看出什么秘密来。

卓夫人道："我已将卓玉贞送去了，你为什么还来找我？"

傅红雪道："因为你就是我要找的人，你就是明月心。"

屋子里没有声音，卓夫人脸上也没有表情，就像是戴着假面具。

也许这才是她的真面目，或许这也不是，但这些都已不重要，因为傅红雪现已明白，无论她长得是什么样子都不重要，只要他已知道她就是明月心，这一点才是最重要的。

她动也不动地站着，也不知过了多久，终于长长叹息了一声，道："你错了。"

傅红雪道："哦？"

卓夫人淡淡道："世上根本没有明月心这么样一个人，明月根本就是无心的。"

傅红雪承认。

有心的明月，本就像无刺的蔷薇一样，只有在传说和神话中才会出现。

卓夫人道："也许你以前的确在别的地方见过明月心，可是那个人也正像你以前的情人翠浓一样，已不存在了。"

难忘的旧情，永恒的创痛，也许就因为她知道他永远都不敢再面对那样一张脸，所以才扮成那样子，让他永远也看不出她的伪装。

到了有阳光的时候，她甚至还会再戴上一个笑口常开的面具。然后她又忽然失踪了，明月心也就永远消失，就好像从来都没有存在过。

傅红雪道："只可惜你还是做错了一件事，你不该杀卓玉贞。"

——没有爱的人，怎么会妒忌？相见只半日的人，怎么会有爱。

傅红雪苍白的脸上，已泛起种奇异的红晕，道："你杀她，只因为你恨我。"

她脸上那种高贵优雅的表情也不见了，眼睛里忽然充满了怨恨。

——没有爱的人，又怎么会有恨？

"明月心为你而死，你却连提都没有提起过她；卓玉贞那么样害你，你反而一直在记挂着她。"

这些话她并没有说出来，也已不必说。

她忽然大声道："不错，我恨你，所以我希望你死。"

她转身走入了后面的小屋，只听"扑通"一声，似又跃入了浴池。可是等到傅红雪进去看她时，浴池中却没有人，小屋中也已没有人。

单调短促的拔剑声还在响，仿佛就在窗外，但是拉开窗帘，支起窗户，外面却是一道石壁，只有几个通气的小洞。从这些小洞中看出去，外面一片黑暗，也不知是什么地方。

她是怎么走的？那小屋中无疑还有秘密的通路，傅红雪却已懒得再去寻找，他已找到他要找的人，也知道她为什么要杀卓玉贞。

现在他唯一能做的事就是等待，等待着明日的那一战。在这里等虽然也一样，但他却不愿留在这里，推开门走出去，拔剑声在甬道中听来仿佛更近。

他知道自己是绝对没有法子安心休息的,卓夫人也绝不会放过他。她一定会想出各种法子来扰乱他,让他焦虑紧张,心神不定。虽然他并没有对不起她,虽然是她自己要失踪的,虽然他们之间并没有任何默契。可是她绝不会想到这些的。

一个女人若是要恨一个男人时,随时都可以找出几百种理由来。这件事之中虽然还有很多无法解释的地方,他却已不愿再想,只要能击败公子羽,所有的疑问都立刻会得到解答,现在他又何必多想?

若是败在公子羽手下,这些事就更不必关心了,无论对什么问题来说,死都是种最好的解答!

就在这时,他又找到了一扇门,拔剑的声音,就在门里。

这一次他有把握,拔剑的声音,的确是在这扇门里发出来的。

他伸手去推门,手指一接触,就发现这扇雕花的门竟是钢铁所铸。

门从里面闩上,他推不开,也撞不开,敲门更没有回应。就在他已准备放弃时,他忽然发现门上的铜环光泽特别亮,显然经常有人的手在上面抚弄摩挲。

铜环并不是女人的乳房,也不是玩物。若没有特别的原因,谁也不会经常去玩弄一个铜环。

他立刻找出了这原因。他将铜环左右旋动,试验了数十次,就找出了正确的答案。

铁门立刻开了。

拔剑的声音也立刻停止!

他走进这屋子,并没有看见拔剑的人,却看见了他生平从未见过的巨大宝藏。

02

珍珠、绿玉、水晶、猫儿眼，还有其他各式各样不知名的宝石，堆满了整个屋子。

一间远比任何人想象中都大得多的屋子。这些无价的宝石、珠玉，在它们的主人眼中看来，并不值得珍惜，所以屋里连一口箱子都没有，一堆堆珠宝，就像是一堆堆发亮的垃圾，零乱地堆在四周。

屋角却有个铁柜，上面有把巨大的铁锁，里面藏着的是什么？难道比这些珠宝更珍贵？

要打开这铁柜，就得先打开上面的铁锁，要开锁就得有钥匙。

但世上却有种人用不着钥匙也能开锁的，这种人虽不太少，也不太多。何况这把锁制造得又极精巧，制造它的巧匠曾经夸过口，不用钥匙就能打开它的人，普天之下绝不会超过三个。因为他只知道当今天下最负盛名的三位妙手神偷，却不知道，这世上还有第四个人。

傅红雪就是第四个人。

他很快就打开了这把锁，柜子里只有一柄剑，一本账簿。

一柄鲜红的剑，红如鲜血。

傅红雪的瞳孔收缩，他当然认得出这就是燕南飞的蔷薇剑。

"剑在人在，剑毁人亡！"他的剑在这里，他的人呢？

账簿已经很破旧，显然有人经常在翻阅。这么样一本破旧的账簿，为什么值得如此珍惜？

他随便翻开一页，就找出了答案。这一页上面写着：

盛大镖局总镖头王凤二月十八入见误时，奉献短缺，公子不欢。

二月十九日，王凤死于马下。

南宫世家二公子南宫敖二月十九入见，礼貌疏慢，言语不敬。

二月十九夜，南宫敖酒后暴毙。

"五虎断门刀"传人彭贵二月二十一入见，办事不力，泄露机密。

二月二十二日，彭贵自刎。

只看了这几行，傅红雪的手已冰冷。

在公子羽面前，无论你犯了什么样的错误，结果都是一样的。

死！只有死，才能根本解决一件事。

公子羽绝不让任何人还有再犯第二次错误的机会，更不容人报复。这账簿象征着的，就是他的权力，一种生杀予夺，主宰一切的权力，这种权力当然远比珠宝和财富更能令人动心！

——只要你能战胜，一切都是你的，包括了所有的财富，荣耀和权力！

古往今来的英雄豪杰们，艰辛百战，不惜令白骨成山，血流成河，为的是什么？

这种诱惑有谁能抗拒？

傅红雪长长吐出口气，抬起头，忽然看见一双眼睛正在铁柜里看着他。

铁柜里本来只有一本账簿、一柄剑，现在竟又忽然出现了一双比利锋更锐利的眼睛。

四尺见方的铁柜，忽然变得又黑又深，深得看不见底，这双眼睛就正在最黑暗处看着他。

傅红雪不由后退了两步,掌心已沁出了冷汗。他当然知道这铁柜的另一面也有个门,门外也有个人。

现在那边的门也开了,这个人就忽然出现。

可是骤然看见黑暗中出现了这么样一双眼睛,他还是难免吃惊。然后他立刻就看见了这个人的脸:一张满布皱纹的脸,须发都已白了,已是个历经风霜的老人,可是他一双眼睛却还是年轻的,充满了无限的智慧和张力。

老人在微笑,道:"我知道你是夜眼,你一定已看出我是个老人。"

傅红雪点点头。

老人道:"这是你第一次看见我,也是我第一次亲眼看见你,我只希望这不是最后一次。"

傅红雪道:"你也希望我击败公子羽?"

老人道:"我至少不想你死。"

傅红雪道:"我活着对你有什么好处?"

老人道:"没有好处,我只希望这一战能真正公平。"

傅红雪道:"哦?"

老人道:"只有真正的强者得胜,这一战才算公平。"

他的笑容消失,衰老的脸立刻变得庄严而有威——只有一向习惯于掌握权力的人,才会有这种坚韧表情。

他慢慢地接着道:"强者拥有一切,本是天经地义的事,也只有真正的强者才配得到这一切。"

傅红雪吃惊地看着他的改变,忍不住问道:"你认为我比他强?"

老人道:"至少你是唯一有机会击败他的人,可是你现在太紧张,太疲倦。"

傅红雪承认。他本来一直想使自己保持冷静镇定，但是却没有做到。

老人道："现在距离你们的决斗还有八个时辰，你若不能使你自己完全松弛，明日此刻，你的尸体一定已冰冷。"

他不让傅红雪开口，接着又道："从这里走出去，向右转三次，左边的一间房里，有个女人躺在床上等着你。"

傅红雪道："谁？"

老人道："你用不着问她是谁，也不必知道她为什么要等你！"

他的声音也变得尖锐而冷酷！

"像你这样的男人，本该将天下的女人当作工具。"

傅红雪道："工具？"

老人道："她就是唯一可以让你松弛的工具。"

傅红雪沉默。

老人道："你若不这样做，出门后就向左转三次，也可以找到一间房子。"

傅红雪道："那屋里有什么？"

老人道："棺材。"

傅红雪的手握紧刀柄，道："你究竟是什么人，凭什么来命令我？"

老人又笑了，笑得还是那么神秘诡谲。

就在笑容出现的时候，他的脸已消失在黑暗中，就像是从未出现过。

03

傅红雪穿过一堆堆珠宝，头也不回地走出了门，这些无价的珠宝在他眼中看来，也只不过是一堆堆垃圾而已。

他出门之后，立刻向左转，左转三次后，果然就看见了一扇门。

一间空房中，只摆着口棺材。上好的楠木棺材，长短大小，就好像是量着傅红雪身材做的；棺盖上还摆着套黑色的衣裤，尺寸当然也完全合他的身材。

这些本就是特地为他准备的，每一点都设想得很周到。他们本不是第一次做这种事。

他甚至可以想象到，他死了之后，那本账簿上必定会添上新的一页——

傅红雪某月某日入见，紧张疲倦，自大愚蠢，公子大乐。

某月某日，傅红雪死于剑下。

这些账他自己当然看不见了，能看见的人心里一定愉快得很。

棺材冰冷坚硬，新漆在黑暗中闪着微光。

他忽然转身冲出去，先转入那间藏宝的屋子，里面又响起了单调而短促的拔剑声。

他却没有停下来，又右转三次，推开了左边的一扇门。

门内一片黑暗，什么都看不见，却可以嗅到一阵淡淡的幽香。

他走进去，掩上门。他知道床在哪里，他已经可以听见自己的心跳声。

床上是不是真的有人？是什么人？

他无法将一个活生生的人当工具，可是他也知道那老人说的是真话，一个人若想使自己的紧张松弛，这的确是最有效的法子。

屋子里很静。他终于听见一个人的呼吸声：轻而均匀的呼吸声，就像是春日吹过草原的微风。

他忍不住试探着问："你是谁？为什么要等我？"

没有回应。

他只好走过去，床铺温暖而柔软，他伸出手，就找到一个更温暖柔软的胴体，光滑如丝缎。

她已完全赤裸。他的手指轻触她光滑平坦的小腹，呼吸声立刻变得急促。

他又问："你知道我是谁？"

还是没有回应，却有只手，握住了他。

长久的禁欲生活，已使他变得敏感而冲动，他毕竟是个正值壮年的男人，他身体已有了变化。

急促的呼吸声已变为销魂的呻吟，温柔地牵引着他。他忽然就已沉入一种深邃温暖的欢乐里。

她的身子就像春日中的草原般温润甘美，不但承受，而且付予。

隐约痴迷中，他仿佛又想起了他第一次接受这种欢乐时的情况；那次也同样是在黑暗中，那个女人也同样成熟而渴望。但她的给予，却不是为了爱，而是为了要让他变成一个男人，因为那正是他准备复仇的前夕。

第二天他醒来时，果然觉得前所未有的充实满足，而且活力更充沛。

人生真是奇妙的事，"消耗"有时反而可以让人更充实。

潮湿的草原在扭动蠕动。

他伸出手，忽又发现这个完全赤裸的女人头上却包着块丝巾。

这是为了什么？难道她不愿让他抚摸她的头发，还是因她根本没有头发？

想到浴池中那雪白圣美的背影，他不禁有了种犯罪的感觉，可是这种罪恶感却使他觉得更刺激。

于是他就完全沉没在一种他从未得到过的欢乐的肉欲里，他终于完全松弛解脱。

他终于醒了。

多年来他都没有睡得这么甜蜜过，醒来时身旁却已没有人，枕畔还留着幽香，所有的欢乐却都已变成春梦般不可追寻。

屋子里居然有了光，桌上已摆好饭菜，后面的小屋池畔栏杆上，还挂着件雪白的长袍。

难道这个女人真的是——

他禁止自己再想下去，在温水中泡了半个时辰，再略进饮食后，他就又有了那种充实满足、活力充沛的感觉，自觉已有足够的力量面对一切。

就在这时，门已开了。

卓夫人站在门口，冷冷地看着他，美丽的眼睛充满了讥诮之意，冷冷道："你已准备好了？"

傅红雪点点头。

卓夫人道："好，你跟我来。"

04

拔剑声已停止，甬道中静寂如坟墓。

卓夫人就在前面，腰肢柔软，风姿绰约，显得高贵而迷人。

可是此刻在傅红雪眼中看来，她只不过是个普通的女人，和世上其他所有的女人都完全没什么不同。

因为他已完全冷静，冷如刀锋，静如磐石。

他必须冷静。公子羽就在前面一扇门里等着他，这扇门很可能就是他这一生中走入的最后一扇门。

卓夫人已停下来，转身看着他，忽然笑了笑，道："现在你若想逃走，我还可以指点你一条出路。"

她的笑容高贵优雅，声音温柔甜蜜。

傅红雪却已看不见，听不见。他推开门，笔直走了进去，走路的姿态还是那么笨拙可笑。

可是世上已经没有任何事能令他停下来。他手里当然还是紧紧握着他的刀。

苍白的手，漆黑的刀！

05

公子羽手里没有握剑,剑在他身旁的石台上。

鲜红的剑,红如鲜血。

他斜倚着石台,静静地等着傅红雪走过来,脸上还是戴着可怕的青铜面具,冷酷的眼神,却远比面具更可怕。

傅红雪却好像没有看见,既没有看见这个人,也没有看见这把剑,他已到了物我两忘的境界,至少这是他对自己的要求——无生死,无胜负,无人,无我。这不但是做人最高深的境界,也正是武功中最高的境界。只有在心境完全空灵清澈时,才能使得出超越一切的刀法。不但要超越形式的拘束,还得要超越速度的极限。

他是不是真的能做到这一点?古往今来的宗师名匠们,有谁能做到这一点?

火炬高燃。

公子羽脸上的青铜面具,在闪动的火光下看来,仿佛也有了生命,表情仿佛也在变化。

他的眼神却是绝对冷静的,忽然问道:"你是否已决定放弃?"

傅红雪道:"放弃什么?"

公子羽道:"放弃选择见证的权利!"

傅红雪沉默着,过了很久,才缓缓道:"我只想找一个人。"

公子羽道:"谁?"

傅红雪道:"一个铁柜中的老人。"

公子羽的眼睛里忽然起了种奇怪的变化,可是立刻又恢复冷静,道："我不知道你说的是谁？"

其实他当然知道的，可是傅红雪并没有争论，立刻道："那么我放弃。"

公子羽仿佛松了口气，道："既然如此，就只好让我找的六个人来作见证了。"

傅红雪道："很好。"

卓夫人道："第一个人就是我，你反不反对？"

傅红雪摇摇头。

公子羽道："第二位是陈大老板。"

门外立刻有人高呼！

"请陈大老板。"

能够为这一战作见证的人，当然都很有身份，有这种资格的人并不多。

可是这位陈大老板看来却是个平凡而庸俗的人，肥胖的圆脸上虽然带着很和气的笑容，却还是掩不住心里的畏惧。公子羽道："你当然是认得这位陈大老板的。"

傅红雪道："我想，这位陈大老板也认得你。"

陈大老板立刻赔笑道："我认得，一年前我们就已在凤凰集上见过面。"

——荒凉的死镇，破旧的招牌在风中摇曳。

——陈年老酒。

——陈家老店。

傅红雪当然认得这个人，但是他却好像完全不闻不见。

公子羽也不在意，却淡淡地问陈大老板："你们很熟？"

陈大老板道："不能算很熟，左右只见过一次面。"

公子羽道："只见过一次，你就记得！"

陈大老板迟疑着，道："因为自从这位客官到过小店后，小店就毁了，凤凰集也毁了，我……"

他好像忽然觉得喉咙干涩，不停地咳嗽起来，咳得满头青筋暴露，眼睛里却仿佛有泪流下。

幸好公子羽已挥了挥手，道："请坐。"

卓夫人立刻扶住他，柔声道："我们到那边去坐。留得青山在，不怕没柴烧，过去了的事，你也不必再放在心上。"

陈大老板道："我不……不会……"

一句话没有说完，竟放声大哭了起来。

当世无敌的两大高手决斗，作见证的却在号啕大哭，这种事倒也少见。

公子羽声色不动，淡淡道："陈老板不但老实敦厚，而且见多识广，作见证正是再好也没有的了！"

傅红雪道："是。"

他说得很平静，好像这本来就是理所当然的事。

公子羽也并没有露出失望之色道："第三位是藏珍阁的主人倪宝峰倪老先生。"

门外也立刻有人高呼！

"请倪老先生。"

一个锦衣华服的老人昂首而入，看着傅红雪时，眼睛里充满怨毒和仇恨。

无论什么样的人，若是看见杀了自己儿女的人就站在自己面前，还能一声不响地坐下来，已经不是件容易事。

倪宝峰已坐了下去，坐在泪流满面的陈大老板旁，眼睛还是在瞪着傅红雪。

公子羽道："倪老先生是武林前辈，不但识宝，而且识人。"

傅红雪道："我知道。"

公子羽道："能够请到倪老先生来作我们的见证，实在是我们的荣幸。"

傅红雪道："是。"

公子羽道："我请来这三位见证你都不反对？"

傅红雪摇摇头。

公子羽道："高手相争，正如国手对弈，一着之失，满盘皆输，所以连心情都受不得半点影响。"

傅红雪道："我知道。"

公子羽道："他们都没有影响你？"

傅红雪道："没有。"

公子羽看着他，眼睛里居然还没有露出丝毫失望之色。

傅红雪脸上也完全没有表情。这三人是他的仇人也好，是他的情人也好，是哭也好，是笑也好，他全不放在心上，因为他根本听而不闻，视而不见。

这次决斗是公平也好，不公平也好，他也全不在乎。

卓夫人远远地看着他，倪宝峰和陈老板也看着他，每个人的神色都很奇怪，也不知是惊奇，是畏惧，还是佩服。

公子羽却仍然神色不动，道："第四位是九华山的如意大师。"

门外当然有人高呼！

"请如意大师。"

看见这人慢慢地走进来，傅红雪的脸色就变了，就好像一直不败的堤防，突然崩溃。

第二十五章

最后一战

01

> 昔在九江上,遥望九华峰。
> 天河挂绿水,秀出九芙蓉。
> 我欲一挥手,谁人可相从。
> 君为东道主,于此卧云松。
>
> ——李白

九华山在安徽青阳西南四十里,即汉时泾县、陵阳二地。

三国时孙吴分置临城县境,至隋废,唐置青阳县,以在青山之阳为名,属池州府,青山在县北五里,逾梅家岭,与贵池接壤。

九华山南望陵阳,西朝秋浦,北接五溪大通,东际双峰龙口,昔名九子山。

唐李白游九子山,见其山峰并峙,如莲开九朵,改之为九华山。

书籍上有记载:"旧名九子山,唐李白以九峰如莲花削成,改之为九华山。"

青阳县志上也有记载:"山近县西四十里,峰之得名者四十八,岩十四,洞五,岭十一,泉十八,源二,其余台石池涧溪潭之属以奇胜名者不一。"

"知行合一"的王阳明曾读书于此山中,与李白书堂并名千古。

诗仙李白"改九子山为九华山联句"有序:

……太史公南游,略而不书,事绝故老之口,复阙名贤之纪,虽灵仙往复而赋咏笔墨间,予乃削其旧号,加以九华之目,时访道江汉,憩于夏侯迥之堂,开檐岸帻,坐眺松雪,因与二三子联句,传之将来。

他们的诗是这样的:

妙有分二气,灵山开九华。——李白
层标遏迟日,半壁明朝霞。——高霁
积雪曜阴壑,飞流喷阳崖。——韦权舆
青荧玉树色,缥缈羽人家。——李白

九华山不但是诗人吟咏之地,也是佛家的地藏王道场。

《地藏十轮经》:"安忍不动如大地,静虑深密如尽藏。"取名地藏。

《大乘佛经》上记载的是:"地藏受释尊付嘱,令救度六道众生,决不成佛,常现身地狱中,以救众生之苦难,世称幽冥教主。"

《地藏本愿经》二卷,唐实义难陀译,经中记载:"佛升忉利天为母说法,后召地藏大士永为幽冥教主,使世上有亲者皆得报本荐亲,咸登极乐。"

这本书多说地狱诸相及追荐功德,为佛门的孝经。

经中又说地藏菩萨救度众生,地狱不空,誓不成佛之弘愿,故名

"地藏本愿"。

所以"九华剑派"不但剑术精绝，同时也有诗人的浪漫，和佛家的玄秘。

武林中有七大剑派，九华山并不在其内，因为九华山门下的弟子本就极少，行踪更少出现在江湖。

多年前江湖中就已盛传九华派已与幽冥教合并，同时供奉的两位祖师，一位是地藏王菩萨，另一位就是诗酒风流、高绝千古的李白。

据说这位青莲居士不但是诗仙，也是剑仙，九华的剑法，就是他一脉相传。直到千百年后，江湖中又出现位奇侠李慕白，也是九华派的嫡系。

这些传说使得九华派在江湖人心目中变得更神秘。九华门下的弟子，行踪也更诡秘，近年来几乎已绝迹于江湖。

但这些却还都不是让傅红雪吃惊的原因，令他吃惊的，是如意大师这个人。

如意大师着白袍，蹬芒鞋，赤足，摩顶，神情严肃，眸子有光，看来无疑是位修为极深的出家人，一位出家的女人。

她看来仿佛已近中年，身材适中，容貌端正，举止规矩有礼，一张表情严肃的脸上，并没有什么特别吸引人的地方，更没有足以令人吃惊之处，无论任何人眼中看来，她只不过是个修为严谨的中年尼姑，和佛门中其他千千万万个谨守清规的尼姑并没有什么不同。

可是在傅红雪眼中看来，就完全不同了。

她的容貌虽平凡端庄，一双玉手美如春葱，柔若无骨。她赤着芒鞋，不着鸦头袜，露出一双底平趾敛的如霜雪白玉足，更美得令人目眩。她的白布僧袍宽大柔软，一尘不染，遮盖着她绝大部分身体。

没有人会去幻想一个修为严谨的中年尼姑，在僧袍下的胴体是什么样子的。

傅红雪却不能不想。

——栏杆上的洁白僧袍，浴池中的丰美胴体，黑暗中的呻吟呼吸，温暖光滑的拥抱，还有那双牵引他进入梦境的手。

他竟不能不将眼前这个道貌岸然的出家人，和昨夜那个成熟而充满渴望的女子联想在一起，虽然他一直禁止自己去想，但却偏偏不能不想。

虽然他对一切事都已能不闻不问，无动于衷，可是这规矩严肃的中年尼姑，却使得他的方寸大乱，他已感觉到自己的嘴唇发干，心跳加速，几乎无法控制。

如意大师只淡淡地看了他一眼，端庄严肃的脸上，还是全无表情。

傅红雪几乎忍不住要冲过去，撕开她的僧衣，看看她是不是昨夜那个女人，可是他还是勉强忍耐住。

他仿佛听见她在问："这位就是名满天下的傅红雪施主？"

他仿佛听见自己的声音在回答："是的，我就是傅红雪。"

卓夫人看着他们，眼睛里的表情狡黠而诡谲。

——她是不是已知道他们的事？

她忽然笑道："大师驻锡九华，想不到居然也知道傅大侠的名声。"

如意大师道："贫僧虽然身在方外，对江湖中的事，却并不十分生疏。"

卓夫人又问道："大师以前是不是见过他？"

如意大师沉吟着，居然点了点头，道："仿佛见过一次，只是那时天色昏黑，并没有看清楚。"

卓夫人笑道："大师虽然看不清他，他却一定看清了大师的。"

如意大师道："哦？"

卓夫人笑得更神秘，道："因为这位傅大侠是夜眼，在黑暗中视物,也可以明察秋毫。"

如意大师的脸上,仿佛起了种奇怪的变化。

傅红雪的心也在往下沉。昨夜在黑暗中,他并没有看清她,只不过隐约地看出了她的胴体的轮廓。

他一直没有想到这一点,现在才发现他的眼力不知不觉中已受到损伤,那一定是他在见到铁柜中那老人以后的事。

难道那老人的眼睛里,竟有种可以令人感觉变得迟钝的魔力?他为什么不让傅红雪看见黑暗中那个女人?她为什么要在黑暗中等待?

最后的两位见证也被公子羽请了进来,傅红雪竟没有注意这两人是谁。

他的心又乱了。他不能忘记昨夜的事,也不能将一个活生生的女人当作工具。

陈老板的哀伤,倪宝峰怨毒的眼神,忽然也变得令他无法忍受。

还有那柄鲜红的剑。这柄剑怎么会到了公子羽手里?剑在他手里,燕南飞的人呢?

这两人之间,究竟有什么样的神秘关系,公子羽为什么直到现在还不肯露出真面目?

02

火炬高燃,石台上亮如白昼。

傅红雪终于走上了石台,手里紧紧握着他的刀,比平时握得更紧。在他悲伤烦恼,痛苦无助时,只有这把刀,才能给他安定的力量。

对他说来,这把刀远比盲者的明杖更重要,他的人与刀之间,已经有了种奇异的感情,一种永远没有任何人能了解的感情,不但互相了解,而且互相信任。

公子羽凝视着他,一字字缓缓道:"现在你已随时可以拔刀。"

现在他的剑已在手。无论谁都看得出,他远比傅红雪更有信心。

傅红雪忽然道:"你能不能再等一等?"

公子羽眼睛里露出讥诮之意,道:"我可以等,只不过无论再等多久,胜负也不会有所改变的。"

傅红雪没有听他说完这句话,忽然转身走下石台,走到如意大师面前。

如意大师抬头看着他,显得惊讶而疑惑。

傅红雪道:"大师来自何处?"

如意大师道:"来自九华。"

傅红雪道:"王子来自何方?"

如意大师道:"来自新罗。"

傅红雪道:"他舍弃尊荣,为的是什么?"

如意大师道:"舍身学佛。"

傅红雪道:"既然舍身学佛,为何誓不成佛?"

如意大师道:"只因普度众生。"

她神情已渐渐宁静,神情也更庄严,别人却根本听不懂他们在说什么。

原来唐时高宗曾发兵助新罗平乱,新罗王子金乔觉舍尊荣,来华学佛,独上九华驻锡修道,一生事迹与地藏显现者无异。唐德宗贞元十一年金氏圆寂,临终时形显如地藏王菩萨本像,世传以肉身得道,于峰头建肉身殿塔。殿塔四面玲珑,金碧璀璨,四隅有铜缸,多作朱砂翡翠色,中储神灯圣油,可赐人清宁安静。九华弟子多随身而带。

傅红雪又问道:"王子于今何在?"

如意大师道："仍在九华。"

傅红雪道："王子普度众生，大师呢？"

如意大师道："贫尼亦有此愿。"

傅红雪道："既然如此，但望大师赐福，使我心清宁安静。"

如意大师双掌合十，道："是。"

她果然从怀中取出个檀木小瓶，倾出几滴圣油，在傅红雪面颊和手背上轻轻摩擦，口中喃喃低呢佛号，又问道："你有何愿？"

傅红雪曼声而吟："安忍不动如大地，静虑深密如秘藏。"

如意大师以掌心轻拍他的头顶，道："好，你去。"

傅红雪道："是，我去。"

他抬起头，苍白憔悴的脸上已发出了光——不是油的光，是一种安详宁静的宝光。

他再次走上石台，走过卓夫人面前时，忽然道："现在我已知道了。"

卓夫人道："知道什么？"

傅红雪道："知道是你。"

卓夫人脸色骤然变了，道："你还知道什么？"

傅红雪道："该知道的都已知道。"

卓夫人道："你……你怎会知道的？"

傅红雪道："静虑深密如秘藏。"

他走上石台，面对公子羽，不但静如磐石，竟似真的已如大地般不可撼动。

公子羽握剑的手背上已暴出青筋。

傅红雪看着他，忽然道："你已败过一次，何必再来求败？"

公子羽瞳孔收缩，忽然大喝，剑已出鞘，鲜红的剑光，如闪电飞虹。

只有眼力最利的人,才能看得出飞虹闪电中仿佛有淡淡的刀光一闪。

"叮"的一响,所有动作突然凝结,大地间的万事万物,在这一瞬间似已全部停顿。

傅红雪的刀已入鞘。

公子羽的剑就在他咽喉的方寸之间,却没有刺下去,他的整个人也似已突然凝结僵硬。

然后他面上的青铜面具就慢慢地裂开,露出了他自己的脸。

一张英俊清秀的脸,却充满了惊骇与恐惧。

又是"叮"的一响,面具掉落在地上,剑也掉落在地上。

这个人赫然竟是燕南飞。

火光仍然闪动不息,大殿中却死寂如坟墓。

燕南飞终于开口,道:"你几时知道的?"

傅红雪道:"不久。"

燕南飞道:"你拔刀时就已知道是我?"

傅红雪道:"是的。"

燕南飞道:"所以你已有了必胜的把握。"

傅红雪道:"因为我的心中已不乱不动。"

燕南飞长长叹息,黯然道:"你当然应该有把握,因为我本就应该死在你手里。"

他拾起长剑,双手捧过去,道:"请,请出手。"

傅红雪凝视着他,道:"现在你的心愿已了?"

燕南飞道:"是的。"

傅红雪淡淡道:"那么你现在就已是个死人,又何必我再出手?"

他转过身,再也不看燕南飞一眼。

只听身后一声叹息,一滴鲜血溅过来,溅在他的脚下。

他还是没有回头,苍白的脸上却露出种无可奈何的悲伤。

他知道这结果。有些事的结果,本就是谁都无法改变的,有些人的命运也一样。

他自己的命运呢?

第一个迎上来的是如意大师,微笑道:"施主胜了。"

傅红雪道:"大师真的如意?"

如意大师沉默。

傅红雪道:"既然大师也未必如意,又怎知我是真的胜了?"

如意大师轻轻叹了口气,道:"不错,是胜是负?是如意?是不如意?又有谁知道?"

她双手合十,低喃佛号,慢慢地走了出去。

傅红雪抬起头时,大厅中忽然已只剩下卓夫人一个人。

她正在看着他,等他转过头,才缓缓道:"我知道。"

傅红雪道:"你知道?"

卓夫人道:"胜就是胜,胜者拥有一切,负者死,这却是半点也假不得的。"

她也叹了口气,道:"现在燕南飞已死,你当然已……"

傅红雪打断了她的话,道:"现在燕南飞已死,公子羽呢?"

卓夫人道:"燕南飞就是公子羽。"

傅红雪道:"真的是?"

卓夫人道:"难道不是?"

傅红雪道:"绝不是。"

卓夫人笑了,忽然伸手向背后一指,道:"你再看看那是什么?"

他的背后是石台,平整光滑的石台忽然裂开,一面巨大的铜镜正缓缓自台下升起。

傅红雪道:"是铜镜。"

卓夫人道:"镜中还有什么?"

镜中还有人。傅红雪正站在铜镜前,他的人影就在铜镜里。

卓夫人道:"现在你看见了什么?"

傅红雪道:"看见了我自己。"

卓夫人道:"那么你就看见了公子羽,因为现在你就是公子羽。"

傅红雪沉默。她说他就是公子羽,他居然沉默。

有时沉默虽然也是种无声的抗议,但通常都不是的。

卓夫人道:"你绝顶聪明,从如意大师替你擦油在手上,就猜出昨夜的女人不是她,是我。"

傅红雪依然沉默。

卓夫人道:"所以现在你一定也能想得到,为什么你就是公子羽。"

傅红雪忽然道:"现在我真的就是公子羽?"

卓夫人道:"至少现在是的。"

傅红雪道:"要到什么时候才不是?"

卓夫人道:"直到江湖中又出现个比你更强的人,那时……"

傅红雪道:"那时我就会像今日之燕南飞。"

卓夫人道:"不错,那时你非但不是公子羽,也不再是傅红雪。那时你就已是个死人。"

她笑了笑,笑得妩媚甜蜜:"可是我相信十年之内江湖中绝不会再出现比你更强的人,所以现在这一切都已是你的,你可以尽情享受所有的声名和财富,也可以尽情享受我。"

傅红雪的刀已握紧,道:"你永远是公子羽的女人?"

卓夫人道:"永远是。"

傅红雪盯着她,手握得更紧,握着他的刀。

他忽然拔刀。刀光一闪,铜镜分裂,就像燕南飞脸上的青铜面具般裂成两半,铜镜倒下时,就露出了一个人,一个老人。

03

铜镜后是间精雅的屋子,角落里有张华丽的短榻。

这老人就斜卧在榻上。他已是个很老很老的人,可是他的一双眼睛却像是已受过天地间诸魔群鬼的祝福,仍然保持着年轻。这双眼睛,就是傅红雪在铁柜里看到过的那双眼睛。

这双眼睛此刻正在看着他。

傅红雪的刀已入鞘,刀锋似已在眼里,盯着他道:"世上只有一个人知道真正的公子羽是谁。"

老人道:"谁知道?"

傅红雪道:"你。"

老人道:"为什么我知道?"

傅红雪道:"因为你才是真正的公子羽。"

老人笑了。笑并不是否认,至少他这种笑绝不是。

傅红雪道:"公子羽所拥有的名声、权力和财富,绝不是容易得来的。"

世上本没有不劳而获的事,尤其是名声、财富和权力。

傅红雪道:"一个人对自己已经拥有着的东西,一定很舍不得失去。"

任何人都如此。

傅红雪道:"只可惜你已老了,体力已衰退,你要想保持你所拥有的一切，只有找一个人代替你。"

公子羽默认。

傅红雪道："你要找的，当然是最强的人，所以你找上了燕南飞！"

公子羽微笑道："他的确很强，而且还年轻。"

傅红雪道："所以他经不起你的诱惑，做了你的替身。"

公子羽道："他本来一直做得很好。"

傅红雪道："只可惜他败了，在凤凰集，败在我的刀下。"

公子羽道："对他来说，实在很可惜。"

傅红雪道："对你呢？"

公子羽道："对我一样。"

傅红雪道："一样？"

公子羽道："既然已经有更强的人可以代替他，我为什么还要找他？"

傅红雪冷笑。

公子羽道："可是我答应他，只要他能在这一年中击败你，他还是可以拥有一切！"

他再强调："我是要他击败你，并不是要他杀了你。"

傅红雪道："因为你要的是最强的人。"

公子羽道："是的。"

傅红雪道："他认为我的刀法中，最可怕的一点就是拔刀。"

公子羽道："所以他苦练拔剑，只可惜一年后他还是没有把握能胜你。"

傅红雪道："所以他更想得到大悲赋和孔雀翎。"

公子羽道："所以他错了。"

傅红雪道："这也是他的错？"

公子羽道:"是!"

傅红雪道:"为什么?"

公子羽道:"因为他不知道这两样东西早已在我手里。"

傅红雪闭上了嘴。

公子羽道:"他也不知道,这两样东西根本没有传说中那样可怕,他纵然能得到,还是未必能有取胜把握。"

传说中的一切,永远都比真实的更美好。傅红雪明白这道理。

公子羽道:"我早已看出你比他强,因为你有种奇怪的韧力。"

他解释:"你能忍受别人无法忍受的痛苦,也能承受别人无法承受的打击。"

傅红雪道:"所以这一战你本就希望我胜。"

公子羽道:"所以我才会要卓子陪你,我不想你在决战时太紧张。"

傅红雪又闭上了嘴。现在他终于已明了一切,所有不可解释的事,在这一瞬间忽然都已变得很简单。

公子羽凝视着他道:"所以你现在已是公子羽。"

傅红雪道:"我只不过是公子羽的替身而已。"

公子羽道:"可是你已拥有一切!"

傅红雪道:"没有人能真的拥有这一切,这一切永远是你的。"

公子羽道:"所以……"

傅红雪道:"所以我现在还是傅红雪。"

公子羽的瞳孔突然收缩,道:"这一切你都不愿接受?"

傅红雪道:"是的。"

瞳孔收缩,手又收紧。握刀的手。

过了很久,公子羽忽然笑道:"你看得出我已是个老人。"

傅红雪承认。

公子羽道:"今年你已有三十五六?"

傅红雪道:"三十七。"

公子羽道:"你知道我有多大年纪?"

傅红雪道:"六十?"

公子羽又笑了。

一种很奇怪的笑,却又带着种说不出的讥诮和哀伤。

傅红雪道:"你不到六十?"

公子羽道:"今年我也三十七。"

傅红雪吃惊地看着他,看着他脸上的皱纹和苍苍白发。

他不能相信。可是他知道,一个人的衰老,有时并非因为岁月的消磨——有很多事都可以令人老。

相思能令人老,忧愁痛苦也可以。

公子羽道:"你知不知道我是因为什么老的?"

傅红雪知道。一个人的欲望若是太多、太大,就一定会老得很快。欲望就是人类最大的痛苦。

他知道,但是他并没有说出来——既然已知道,又何必再说出来。

公子羽也没有再解释。他知道傅红雪一定已明白他的意思。

"就因为我想得太多,所以我老,就因为我老,所以我比你强。"

他说得很婉转:"你若不是公子羽,你也就不再是傅红雪。"

傅红雪道:"我是个死人?"

公子羽道:"是的。"

傅红雪坐了下来,坐在短榻对面的低几上。

他很疲倦。经过了刚才那一战,只要是个人,就会觉得很疲倦。

可是他心里却很振奋，他知道必将有一战，这一战必将比刚才那一战更凶险。

公子羽道："你还可以再考虑考虑。"

傅红雪道："我不必。"

公子羽在叹息，道："你一定知道我很不愿让你死。"

傅红雪知道。要再找他这么样一个替身，绝不是件容易事。

公子羽道："可惜我已没有选择的余地。"

傅红雪道："我也没有。"

公子羽道："你什么都没有。"

傅红雪不能否认。

公子羽道："你没有财富，没有权力，没有朋友，没有亲人。"

傅红雪道："我只有一条命。"

公子羽道："你还有一样。"

傅红雪道："还有什么？"

公子羽道："声名。"

他又在笑："你若拒绝了我，我不但要你的命，还要毁了你的声名，我很有法子！"

傅红雪道："你好像什么都有。"

公子羽也不否认。

傅红雪道："你有财富，有权力，手下的高手如云。"

公子羽道："我要杀你，也许并不需要他们。"

傅红雪道："你什么都有，只少了一样。"

公子羽道："哦？"

傅红雪道："你已没有生趣。"

公子羽在笑。

傅红雪道："就算公子羽的声名能永远长存，你也已是个死人。"

公子羽的手也握紧。

傅红雪道:"没有生趣,就没有斗志。所以你若与我交手,必败无疑。"

公子羽还在笑,笑容却已僵硬。

傅红雪道:"你若敢站起来与我一战,若能胜我,我就将这一生卖给你,也无怨言。"

他冷笑,接着道:"可是你不敢。"

他盯着公子羽。他的手里有刀,眼睛有刀,话里也有刀。

公子羽果然没有站起来。是因为他真的站不起来?还是因为卓夫人的手?她的手已按住了他的肩。

傅红雪已转过身,慢慢地走出去。

公子羽看着他走出去。

他走路的姿态,还是那么奇特,那么笨拙,可是别人看着他的时候,眼中却只有崇敬。

无论谁看着他时都一样。

他的手一直握紧着刀柄,却没有拔出来。

——我不杀你,只因为你已是个死人。

一个人的心若死了,就算他的躯壳还存在也没有用,他知道她为什么按住公子羽,因为她不想再过这样的日子。

她永远是公子羽的女人。在她心中,真正的公子羽只有一个,永远没有别人能代替,不管他是老了也好,是死了也好,都永远没有别人能代替。

所以她愿意为他做任何事。

这一点他是否能明白?要到几时才明白?春蚕的丝为什么一定要等到死时才能吐尽?

04

夕阳西下。傅红雪站在夕阳下,站在孔雀山庄的废墟前,暮色凄迷,满目疮痍。

他抽出一封素笺,摆在他朋友们的坟墓前。

雪白的纸,死黑的字。

这是公子羽的讣闻,传遍天下的讣闻,无疑也震动了天下。

尘归于尘,土归于土,人总是要死的。

他长长吐出口气,抬头望天。暮色已渐深,黑暗已将临。

他心里忽然觉得说不出的平静,因为他知道黑暗来临的时候,明月就将升起。

05

酒在杯中,杯在手中。

公子羽把酒面对小窗,窗外有青山翠谷,小桥流水。

一双手按在他肩上,如此美丽,如此温柔。

她轻轻在问:"你几时才下定决心,肯这么做的?"

"直到我真正想开的时候。"

"想开了什么?"

"一个人活着是为了什么?"他的手也轻轻按在她的手上,"人活着,只不过为了自己的心安快乐。若是连生趣都没有,那么就算他的声名、财富和权力都能永远保存,又有什么用?"

她笑了。笑得那么甜蜜，那么温柔。

她知道他真的想开了。

现在别人虽然都认为他已死了，可是他却还活着，真正地活着，因为他已懂得享受生命。

一个人要能真正懂得享受生命，那么就算他只能活一天，也已足够。

"我知道公孙屠他们一定活不长的。"

"为什么？"

"因为我已在他们心里播下了毒种。"

"毒种？"

"那就是我的财富和权力。"

"你认为他们一定会为了争夺这些而死？"

"一定。"

她又笑了。笑得更温柔，更甜蜜。

她知道他为什么要如此做，因为他要为她赎罪——他一心要求自己的心安和快乐。

现在一切都已成过去。

他把酒对青天，却没有再问明月何处有。

他已知道他的明月在何处。

06

一间寂寞的小屋,一个寂寞的女人。

她的生活寂寞而艰苦,可是她并无怨天,因为她心安,她已能用自己的劳力去赚取自己的生活,已用不着去出卖自己。也许她并不快乐,可是她已学会忍受。

——生命中本就有许多不如意的事,无论谁都应该学会忍受。

现在一天又已将过去,很平淡的一天。

她提着篮衣服,走上小溪头,她一定要洗完这篮衣服,才能休息。

她自己的衣襟上戴着串小小的茉莉花,这就是她唯一的奢侈享受。溪水清澈,她低头看着,忽然看见清澈的溪水中倒映出一个人。

一个孤独的人,一柄孤独的刀。

她的心开始跳,她抬起头就看见一张苍白的脸。

她的心又几乎立刻要停止跳动,她已久不再奢望自己这一生中还有幸福。可是现在幸福已忽然出现在她眼前。

他们就这样互相默默地凝视着,很久都没有开口,幸福就像是鲜花般在他们的凝视中开放。

此时此刻,世上还有什么言语能表达出他们的幸福和快乐?

这时明月已升起。

明月何处有?

只要你的心还未死,明月就在你的心里。

《小李飞刀4:天涯·明月·刀》完

飞刀，又见飞刀

关于飞刀

01

刀不仅是一种武器,而且在俗传的十八般武器中排名第一。

可是在某一方面来说,刀是比不上剑的,它没有剑那种高雅神秘浪漫的气质,也没有剑的尊贵。

剑有时候是一种华丽的装饰,有时候是一种身份和地位的象征。

刀不是。

剑是优雅的,是属于贵族的,刀却是普遍化的,平民化的。

有关剑的联想,往往是在宫廷里,在深山里,在白云间。

刀却是和人类的生活息息相关的。

人出世以后从剪断他脐带的剪刀开始,就和刀脱不开关系。切菜、裁衣、剪布、理发、修须、整甲、分肉、剖鱼、切烟、示警、扬威、正法,这些事没有一件可以少得了刀。

人类的生活里,不能没有刀,就好像人类的生活里,不能没有米和水一样。奇怪的是,在人们的心目中,刀远比剑更残酷更惨烈更凶悍更野蛮更刚猛。

02

刀有很多种,有单刀、双刀、朴刀、戒刀、锯齿刀、砍山刀、鬼头刀、雁翎刀、五风朝阳刀、鱼鳞紫金刀。

飞刀无疑也是刀的一种,虽然在正史中很少有记载,却更增加了它的神秘性与传奇性。

至于"扁钻"是不是属于刀的一种呢?那就无法可考了。

03

李寻欢这个人物是虚构的,李寻欢的"小李飞刀"当然也是。

大家都认为这个世界上根本不可能有李寻欢这样的人物,也不可能有"小李飞刀"这样的武器。

因为这个人物太侠义正气,屈己从人,这种武器太玄奇神妙,已经脱离了现实。

因为大家所谓的"现实",是说在现代这个世界中的人们,而不是李寻欢那个时代。

所以李寻欢和他的小李飞刀是不是虚构的并不重要,重要的是这个人物是否能够话在他的读者们的心里,是否能激起大家的共鸣,是不是能让大家和他共悲喜同欢笑。

本来谁也不知道李寻欢和他的飞刀究竟是什么样子的,可是经过电影的处理后,却使得他们更形象化,也更大众化了。

从某一种角度看,大众化就是俗,就是从俗,就是远离文学和艺术。可是我总认为在现在这么样一种社会形态中,大众化一点也没有什么不好。

那至少比一个人躲在象牙塔里独自哭泣的好。

04

有关李寻欢和他的飞刀的故事是一部小说,《飞刀,又见飞刀》这部小说,当然也和李寻欢的故事有密不可分的关系。

可是他们之间有很多完全不相同的地方。

虽然这两个故事同样是李寻欢两代间的恩怨情仇,却是完全独立的。

小李飞刀的故事虽然已经被很多次搬上银幕和荧光幕,但他的故事,却已经被写成小说很久了,"飞刀"的故事现在已经拍摄成了电影了,小说却刚刚开始写。

这种例子就好像《萧十一郎》一样,先有电影才有小说。

这种情况可以避免很多不必要的枝节,使得故事更精简,变化更多。因为电影是一种整体的作业,不知道要消耗多少人的心血,也不知道要消耗多少物力和财力。

所以写电影小说的时候,和写一般小说的心情是绝不相同的。

幸好写这两种小说还有一点相同的地方,总希望能让读者激起一点欢欣鼓舞之心、敌忾同仇之气。

我想这也许就是我写小说的最大目的之一。

——当然并不是全部目的。

05

还有一点我必须声明。

现在我腕伤犹未愈，还不能不停地写很多字，所以我只能由我口述，请人代笔。

这种写稿的方式，是我以前一直不愿意做的。

因为这样写稿常常会忽略很多文字上和故事上的细节，对于人性的刻画和感伤，也绝不会有自己用笔去写出来的那种体会。

最少绝不会有那种细致婉转的伤感，那么深的感触。

当然在文字上也会有一点欠缺的，因为中国文字的精巧，几乎就像是中国文人的伤感那么细腻。

幸好我也不必向各位抱歉，因为像这么样写出来的小说情节一定是比较流畅紧凑的，一定不会有生涩苦闷冗长的毛病。

而生涩苦闷冗长一向是常常出现在我小说中的毛病。

于病后。非关病酒，不在酒后。

一九七〇年二月十二日

楔　子

01

段八方身高七尺九寸，一身铜筋铁骨十三太保横练，外门功夫之强，天下无人能及。

段八方今年五十一岁，三十岁就已统领长江以北七大门派、四十二寨，并遥领齐豫四大镖局的总镖头，声威之隆，一时无两。

至今他无疑仍是江湖中最重要的几个人物之一，他的武功之高，也没有几个人能比得上。

可是他却在去年除夕的前三天，遇到了一件非常奇怪的事。

遇见几乎没有人会相信的事。

段八方居然在那一天被一张上面只画了一把小刀的白纸吓死了。

02

除夕的前三天,急景凋年,新年已在望。

在这段日子里,每一个羁留在外的游子心里都只有一件事,赶回去过年。

段八方也一样。

这一天他刚调停了近十年来江湖中最大的一次纷争,接受了淮阳十三大门派的衷心感激和赞扬,喝了他们特地为他准备的真正泸州大曲,足足喝了有六斤。

他在他的好友和扈从呼拥之下走出镇海楼的时候,全身都散发着热意,对他来说,生命就好像一杯干不尽的醇酒,正在等着他慢慢享受。

可是他忽然死了。

甚至可以说是死在他自己的刀下,就好像那些活得已经完全没有生趣的人一样。

这样一个人会发生这种事,有谁能想得到。

03

段八方是接到一封信之后死的,这封信上没有称呼,没有署名。

这封信上根本一个字也没有,只不过在那张特别大的信纸上用秃笔蘸墨勾画出一把小刀,写写意意地勾画出这把小刀,没有人能看得出它的式样,也没有人能看得出它的形式,可是每个人都能看出是一把刀。

这封信是一个落拓的少年送来的，在深夜幽暗的道路上，虽然有几许的余光反照，也没有人能看得出他的形状和容貌。

幸好每个人都能看出他是一个人。

他从这条街道最幽暗的地方走出来，却是规规矩矩地走出来的。

然后他规规矩矩地走到段八方面前，规规矩矩地把这封信用双手奉给段八方。

然后段八方的脸色就变了，就好像忽然被一个人用一根烧红的铁条插入了咽喉一样。

然后每个人的脸色都变了，甚至变得比段八方更奇特、诡秘、可怕。

因为每个人都看见段八方忽然拔出了一把刀，用一种极熟练、极快速、干净利落而且极残酷的手法，一刀刺入了自己的肚子，就好像对付一个最痛恨的仇人一样。

这种事有谁能解释？

如果说这件事已经不可解释，那么发生在段八方身上的，另外还有一件事，远比这件事更无法解释，更不可思议，更不能想象。

段八方是在除夕的前三天横死在长街上，可是他在大年初一那天，他还是好好地活着。

用另一种说法来说，段八方并不是死在除夕的前三天，而是死在大年初一的晚上。

一个人只有一条命，段八方也是一个人，为什么会死两次？

04

送信来的落拓少年已经不知道到哪里去了,段八方七尺九寸高,一百四十二斤重的雄伟躯干,已经倒卧在血泊中。

没有人能懂,谁也不知道应该说什么。

第一个能开口的是淮阳三义中以镇静和机智著名的屠二爷。

"快,快去找大夫来!"他说。

其实,他也知道找大夫已经没有用了,现在他们最需要的是一口棺材。

棺材由水陆兼程并运,运回段八方的故乡时,已经是黄昏了。

大年初一的黄昏。

大年初一,母亲沾满油腻的双手,儿童欣喜的笑脸。

大年初一,新衣、鲜花、腊梅、鲜果、爆竹、饺子、元宝、压岁钱。

大年初一,祝福、喜乐、笑声。

大年初一是多么多姿多彩的一天,可是八方庄院得到的却是一口棺材。

这口棺材虽然价值一千八百两白银,可是棺材毕竟是棺材。

在这时候来说,没有棺材绝对比有棺材好。

05

八方庄院气象恢宏,规模壮大,屋子栉比鳞次,也不知道有多少栋多少层。

八方庄院的大门高两丈四尺,宽一丈八尺,漆朱漆,饰金环,立石狮。

棺材就是由这扇大门抬进来的,由三十六条大汉用长杠抬进来的。

三十六条大汉穿白麻衣,系白布带,赤脚穿草鞋,把一口闪亮的黑漆棺材抬到院子里,立刻后退,一步步向后退,连退一百五十六步,退出大门。

然后大门立刻关上。

后院中又有三十六条大汉以碎步奔出,抬起了这口棺材,抬回后院。

后院中还有后院。

后院的后院还有后院。

最深最后的一重院落里,庭院已深深,深如墨。

黑色的庭院里,只有一点灯光。一点灯光,衬着一片惨白。

灵堂总是这样子的,总是白得这么惨。

三十六条大汉把棺材抬入灵堂里,摆在一个个面色惨白的孤儿寡妇面前,然后也开始向后退,一步步用碎步向后退。

他们没有退出门口。

从那些看起来好像一阵风就能把他们吹倒的孤儿寡妇手里,忽然发出几十缕淡淡如鹅黄色的闪光之后,这三十六条铁狮般的大汉就忽然倒了下去。

一倒下去就死了。

就在他们身体接触地面的一刹那间就已经死了,一倒下去就永远不会再起来。

段八方有妻,妻当然只有一人。

段八方有妾,妾有廿九。

段八方有子,子有四十。

段八方有女,女十六。

现在在灵堂中的,除了他的妻妾子女八十六人之外,还有两个人。

两个看起来已经很老很老很老的人,好像已经应该死过好多好多好多次的人,脸上完全没有一点表情。

只有刀疤,没有表情。

可是每一条刀疤,也可以算是一种表情,一种由那些充满了刀光剑影、热血情仇恩怨的往事所刻划的悲伤复杂的表情。

千千万万道刀疤,就是千千万万种表情。

千千万万种表情,就变成了没有表情。

黑暗的院落,本来也只有一点灯光,灯光就在灵堂里,灵柩前,灵案上。

忽然间,也不知从哪里有一阵阴惨惨的凉风吹来,忽然间灯光就灭了。

等到灯光再亮起时,棺材已不见。

06

密室是用一种青色的石砖砌成的,一种像死人骨骼般的青色。

灯光也是这种颜色。

两个老人抬着棺材走进来,密室的密门立刻自动封起,老人慢慢地放下棺材,静静地看着这口棺材,脸上的刀疤和皱纹看来更深了,仿佛已交织成一种凄艳而哀怨的图案。

他们静静地站在那里看了很久,没有人能看得懂他们脸上的图案,所以也没有人知道他们心里在想什么,要做什么。

他们也做了一件让人绝对想不到的事:

因为他们忽然一头撞死在石壁上。

灯光闪烁如鬼火。

棺材的盖子居然在移动,轻轻地慢慢地移动,然后棺材里伸出了一只手。

这只手轻轻地慢慢地推开了棺材,然后段八方就从棺材里站了起来。

他环顾密室,脸上不禁露出了欣慰而得意的笑容。

因为他知道他现在已经绝对安全了。

现在江湖中每个人都知道他已经横刀自刎于某地的长街上,他生前所有的恩怨仇恨都已随着他的死亡而勾销了。

现在再也没有人会来追杀报复了,因为他已经是个死人。

一个还好好地活在这个世界上的死人。

这个秘密当然不会泄露,所有知道这个秘密的人都已经死了,真的死了。

还有什么人的嘴比死人的嘴更稳。

段八方长长地吐出一口气,拉起了石壁上的一枚铜环,拉开了石壁上的另一道密门,然后他的脸色就忽然变了。

他以为他可以看到他早已准备好的粮食、水酒、服饰、器皿。

可是他没有看到。

他以为再也看不到追杀报复他的人了。

可是他看到了。

他的脸色惨变,身体的机能反应却没有变。

他的肌肉弹性和机智武功都保持在最巅峰的状况,随时都能够在任何情况下,用一根针刺穿一只蚊子的腹。

只可惜这一次他的反应却不够快。

他开始动作时,已经看到了刀光。

飞刀。

他知道他又看见了飞刀,无论他用什么方法,无论怎么躲都躲不了的飞刀。

所以他死了。

一个人用自己预藏在身边的一把刀,一刀刺在自己的肚子上,纵然血流满地,也未必是真的死。

刀是可以装机簧的。

可是他这一次看见的是飞刀,例不虚发的飞刀。

所以这一次他真的死了。

于是江湖中又见飞刀。

第一部

浪子的血与泪

第一章

归来

01

山城。

这个小城在远山,远山在千里外。

李坏又回去了,回到了这座城。

这里的风沙黄土和这里的人,他都久已熟悉。

因为他是在这里长大的,他是个浪子,他没有根,他的童年也只不过是一连串噩梦而已,可是在他噩梦中最不能忘怀的还是这个地方。

馒头铺并不一定只卖馒头,老张被人叫作老张的时候也并不老。

可是现在他老了。

每天他总是用他那发昏的老眼,看着沙尘滚滚地冲过,总好像奇迹随时会在这条他已经居留了几十年的街道上出现一样。

他永远也想不到的奇迹竟会在今天出现了。

他看见一个风尘仆仆的少年人,穿一身灰扑扑的衣裳,懒洋洋地走到他那间小店门口的馒头摊子前。

馒头笼子里正在冒着热气腾腾的白烟,迷漫了老张的老眼。

他只能看得见这个少年人是个蛮好看的少年人,有一双精锐的眼,有一种很特别的样子。

老张从来没有看过这种样子,他敢说这个少年人一定从来没有到这里来过。

"客官,"老张问,"现在小店的灶还没有开,可是包子、馒头、卤菜都是现成的,客官你想吃什么?"

"我想吃你。"

这个少年以一种很温和的语气对他说出了这么样的一句话,这句话可真是让老张吃了一惊。

"你要吃我?"老张简直吓呆了,"你为什么要吃我?我有什么好吃的?"

"你当然好吃。"这个少年说,"如果我不吃你,我怎么能活到现在?"

老张吃惊地看着他,忽然笑了,大笑,笑得比看见了什么都开心。

"原来是你,你这个小坏蛋!"老张笑得脸上每一条皱纹都打起了褶子,"你以前天天吃我,吃了我好几年,好几年不见,你还要来吃我?"

"我不吃你吃谁呢?"

这个少年人真绝,不但说的话绝,做的事更绝。

他居然真的把老张馒头摊子上的笼子打开了,把笼子里所有的包子、馒头全部拿了出来,而且真的全都吃了下去。

"你真吃?"

"我当然真吃。"

老张又笑了:"你记不记得你十一岁生日的那一天,半夜里偷偷地溜进来吃了我多少包子?想不到今天你比那天吃得更多。"

"我是练出来的。"

这个少年的笑容好像变得有点感伤了:"一个从六个月大就开始挨饿的人,别的事练不出来,这种事总可以练出来的。"

"你吃吧!"老张故意叹了一口气,"你尽管吃,反正我已经被你吃习惯了。"

"你当然也习惯了不收我的钱。"

"你既然已习惯不给,我当然也只好习惯不收。"老张苦笑,"反正我也收不到。"

可是老张在说这句话时,却好像跟他习惯上说话的样子有点不一样。

因为他忽然看见了一件很少看到的事。

在这条沙尘滚滚的路街上,忽然有四个圆脸、圆眼、圆髻的小孩子,身上穿一身大红色的圆袍,颈上戴一只黄澄澄的金环,腕上戴一对亮闪闪的宝镯,耳上穿一双金环,用一双圆圆的白白胖胖的小手,捧着一面圆盘,圆盘上圆圆地堆满了无数圆圆的金元宝,圆圆的笑脸上,挂着一对圆圆的酒窝,往这个四四方方的馒头店这边走过来。

老张傻了。

他从没有看见过这样的人出现在这里。

可是一个圆圆的小孩子,却不但真的走到他这里来,而且还把四个圆圆的盘子捧到他面前。

老张看着盘子上一堆堆圆圆的金元宝,眼睛也圆了。

"这是什么意思?"他问这个少年,"难道这些元宝是你叫人送给我的?"

"元宝?什么元宝?哪里来的元宝?我连一个元宝也没看见!"

"你看见了什么？"张老头凶巴巴地看着这个故意在装傻的少年，"你看到的不是元宝是什么？"

"我只看见了馒头。"这少年说，"只可惜你给我吃的馒头救了我的命，我给你的馒头却是吃不得的。"

"我明白你的意思。"

老张这次真的叹了一口气。

"你要报答我，你以前就说过你要一百倍一千倍来报答我。"老张说，"那时候我就相信你总有一天会做到的，可是我现在反而有点不相信了。"

"为什么？"

"因为我没法去相信一个像你这样的小孩子，会在这么极短的几年里，发这么样的一大笔大财。"

这个五官英俊却又满面风尘，衣着简朴却又挥金如土的少年人脸上忽然露出一种非常神秘的微笑。

"你不相信？"他说，"老实告诉你，非但你不相信，其实连我自己都不相信。"

张老头满是皱纹的脸上，忽然露出神秘兮兮的表情，故意压低了声音说：

"听说江湖中最近出现了一个独行盗，武艺高强，胆子之大，连大内的库银都敢抢。"

"哦！"

"没听说过这个人？"

"没有。"

"可是他的脾气倒好像跟你差不多，我也知道你从小的胆子就大。"

张老头看着他，一双昏花的老眼睛充满了诡谲的笑意。

"如果我是个被官府追缉的大盗，我也一定会躲到这里来。"张老头说，"躲在这种鸡不飞、狗不跳、兔子不撒尿的地方，谁能找得到。"

这个少年也笑了："那倒是真的一点都不假。"

这个小姑娘出现的时候，正是这个少年笑得最可爱的时候。

凭良心讲，这个少年笑起来的时候，实在有点坏相，尤其是当他看着一个小姑娘的时候。

她生气了。

她虽然没有骑马，手里却提着一根马鞭子，好像根本就不是用它来打马，而是用它来抽人的。

她用这根马鞭子指着这个少年的鼻子，问张老头：

"这个人是谁？"

张老头没有开口，少年已经抢着说：

"这个人是谁，天下恐怕再没有比我更清楚的人了。"他用两根手指捏住鞭梢，还是用鞭梢指着自己的鼻子：

"我姓李，我叫李坏。"

"你坏？"

小姑娘好像也有点忍不住要笑出来的样子："你自己也知道你坏！"

"名字叫李坏的人，并不一定真的就是坏人。"李坏一本正经地说。

小姑娘显得更好奇了。

"你的名字真的叫李坏？"

"真的，当然是真的。"少年说，"我另外还有一个四个字的名字。"

"四个字的名字？"小姑娘用一双大眼睛吃惊地看着李坏，"你那个四个字的名字叫作什么？"

"叫作李坏死了。"

小姑娘笑了。

"李坏，你真的坏死了。"

她笑得好可爱好可爱。

如果李坏是男人中笑得最可爱的一个人，那么这个小女孩绝对可以算是女人中笑得最可爱的一个。

李坏痴痴地看着她，好像已经看得有点失魂落魄的样子。

就在这时候，这个小姑娘手里的马鞭子忽然一抖，像是一条蛇一样，缠住了李坏的脖子。

她另外一只手已经"啪嗒、啪嗒"在李坏脸上打了两个大巴掌，下面还有一个扫堂腿。

于是我们这位刚发了财回来的李家大少爷，就好像一只大狗熊一样，四脚朝天，摔倒在黄沙滚滚的道路上，嘴里还被人塞了个大馒头。

02

张老头看着灰头土脸的李坏直笑。

"你不是那个独行盗。"老张笑得嘴都歪了，"天底下没有你这么窝囊的独行盗，被一个小姑娘随随便便一摆，就摆平了。"

"那个小姑娘可真凶，我没招她，又没惹她，她为什么要这样子对我?"

"谁说你没惹她?"

"我几时惹过她?"

"难道你真的忘了她是谁?"张老头又开始笑得老奸巨猾,"难道你忘了你小时候逮着机会就喜欢把一个穿一身花衣裳的小女孩弄成泥巴脸?"

李坏吓了一跳。

"难道她就是可可?"

"她就是。"

李坏苦笑:"想不到她还在恨我。"

张老头笑得却很愉快:"你当然想不到她会变得像现在这么漂亮。"

第二章

月神的刀

01

这个世界上无疑有很多种不同的人，也有很多相同的人，同型、同类，他们虽然各在天之一方，连面都没有见过，可是在某些地方他们却比亲生兄弟更相像。

方天豪和段八方就是个很好的例子。

方天豪几乎和段八方同样强壮高大，练的同样是外门硬功，在江湖中虽然名声地位比不上段八方，可是在这边陲一带，却绝对可以算是个举足轻重的首脑人物。

他平生最喜欢的只有三件事：

权势、名声和他的独生女儿可可。

现在方天豪正坐在他那间宽阔如马场的大厅中，坐在他那张如大炕的梨花木椅上，用他那一向惯于发号施令的沙哑声音盼咐他的亲信小吴。

"去替我写张帖子，要用那种从京城捎来的泥金笺，要写得客气一点。"

"写给谁？"小吴好像有点不太服气，"咱们为什么要对人这么客气？"

方大老板忽然发了脾气。

"咱们为什么不能对人家客气，你以为你吴心柳是什么东西？你以为我方天豪是什么东西？咱们两个人加起来，也许还比不上人家的一根汗毛。"

"有这种事？"

"当然有。"

方大老板说："人家赤手空拳不到几年就挣到了上亿万的身价，你们比得上吗？"

小吴的头低了下来。

有一种人在权势、在财富之前永远会把头低下来的，而且绝对是心甘情愿，心悦诚服。

小吴就是这种人。

"那么咱们为什么不多准备几天再好好地招待他们，为什么一定要定在今天？"

方大老板脸上忽然露出怒容，真正的怒容。

"最近你问得太多了。"他瞪着他面前的这个聪明人说，"你应该回家好好地学学怎样闭上你的嘴。"

02

今天是十五，十五有月。

圆月。

月下居然有水，水月轩就在月色水波间。

在这个边陲的山城，居然有人会在家里建一个水池，这种人简直奢侈得应该送到沙漠里活活地被干死。

方大老板就是这种人。

水月轩就是他今天晚上请客的地方，李坏就是他今天晚上的贵宾。

所以李坏坐入上座的时候，害羞得简直有一点像是个小姑娘。

小姑娘也和大男人一样是要吃饭的，既然是被人请来吃饭的，就该有饭吃。

可是酒菜居然都没有送来。

方大老板有点坐不住了。

既然是请人来吃饭的，就应有饭给人吃。

为什么酒饭还没送上来？

方大老板心里明白，却又偏偏不敢发脾气，因为漏子是出在方大小姐身上。

方大小姐把本来早已准备送上桌的酒菜都已经砸光了，因为她不喜欢今天晚上的客人。

她告诉已经吓呆了的佣人。

"我那个糊涂老子今天晚上请来的那个客人，根本就不能算是一个人，根本就是一个小王八蛋。"她振振有词地说，"我们为什么要请一个王八蛋喝人喝的酒，吃人吃的菜？"

幸好李坏总算还是喝到了人喝的酒，吃到了人吃的菜。

有很多真的不是人的人，却有这种好运气，何况李坏。

方家厨房里的人当然都是经过特别训练的人，第一巡四热荤四冷盘四小炒四凉拌，一下子就全都端了上来。

用纯银打的小雕花七寸盘端上来的,被八个青衣素帽的男仆和八个窄衣罗裙的小丫环用双手托上来的。

然后他们侍立在旁边。

李坏在心里叹气,觉得今天晚上这顿饭吃得真不舒服。

这么多人站在他旁边看着他吃饭,他怎么会吃得舒服呢?如果他能吃得舒服,他就不是李坏了。

如果他能吃得舒服,他就应该叫李好。

幸好他还不知道真正让他不舒服的时候还没有到,否则他也许连一口酒一口菜都吃不下去。

03

李坏吃了三口菜。

吃完第二口菜时,他已经喝了十一杯酒,方大老板和吴先生真的都是好酒量。

满室灯光如昼,人笑酒暖花香,主人殷勤待客,侍儿体贴开窗。

窗外有月,圆月有光。

李坏刚开始要把小酒杯丢掉,要用酒壶来喝的时候,忽然听到了远处有一声惨呼。

惨呼声的意思就是一个人的呼声中充满了凄厉、恐怖、痛苦、绝望之意。

惨呼声的声音是绝不会好听的。

可是李坏这一次听到的惨呼声,却已经不是凄厉、恐怖、痛苦、绝望和不好听这种字句所能形容的了。

他这一次听到的惨呼声甚至已经带给他一种被撕裂的感觉,血肉、皮肤、骨骼、肝脏、血脉、筋络、指甲、毛发都被撕裂。

甚至连魂魄都被撕裂。

因为他这一次听到的惨呼声,就好像战场上的鼙鼓声一样,一声接着一声,一声接着一声,一声接着一声……

杯中的酒溅了出来。

每个人的脸色都变成了像死兽的皮。

然后李坏就看见了一十八个着劲衣持快刀的少年勇士,如飞将军自天而降,落在水月轩外的九曲桥头,如战士占据了战场上某一个可以决定一战胜负的据点般,占据了这个桥头。

"这是怎么一回事?"

李公子脸上那种又温柔又可爱又害羞又有点坏的笑容已经看不见了。

"方老伯,这里是不是出了什么事?让我从后门先溜掉。"

方大老板微笑摇头。

"没关系的,你放心。"方天豪的笑颜里充满了自信,"在我这里,就算是出了一点鸡毛蒜皮芝麻绿豆的小事,也没关系的,就算天塌下来,也有你方老伯顶着。"

他的话还没有说完,笑容已消失。

方天豪对他手下精心训练出来的这一批死士一向深具信心,深信他们如果死守住一座桥头,就没有人能闯上桥头一步。

从来也没有人能够改变他这种观念。

不幸现在有人了。

一个脸色铁黑,穿一身烈火般的大红袍,身材甚至比段八方和方天豪更高大魁伟的大汉,背负着双手就像是一个白面书生在月下吟诗散步一样,从桥头那边的碎石小径上悠悠闲闲地走过来。

他好像根本没动过手。

可是当他走上桥头时,那些守在桥头的死士就忽然一个接着一个,带着一声声凄厉的惨呼远飞了出去,远远地飞了出去,要隔很久才能听见他们跌落在池后假山上骨头碎裂的声音。

这时候红袍者已经坐了下来。

04

水月轩里灯光灿烂如元月花市。

花市灯如昼。

红袍者施施然走入,施施然坐下,坐在主人方大老板之旁,坐在主客李坏对面。

他的脸看来绝不像元夜的春花。

他的脸看来也绝不像一张人的脸。

他的脸看起来就好像是一张用纯铁精钢打造出来的面具一样,就算是在笑,也绝没有一点笑的意思,反而要人看着从脚底心发软。

他在笑。

他在看着李坏笑:

"李先生,"他用一种很奇特,充满了讥嘲的沙哑声音说,"李先生你贵姓?"李坏笑出了一口雪白的牙齿。

"李先生当然是姓李的,"他的笑容中完全没有丝毫讥嘲之意,"可是韩先生呢?韩先生你贵姓?"

红袍者笑容不变。

他的笑容就像是铁打般刻在他的脸上:"你知道我姓韩?你知道我是谁?"

"铁火判官韩峻,天下谁人不知。"

韩峻的眼睛射出了光芒,大家这才发现他的眼睛居然是青蓝色的,像万载寒冰一样的青蓝色,和他烈火般的红袍形成了一种极有趣又极诡秘的可怕对比。

他盯着李坏看了很久,才一个字一个字地说。

"不错,在下正是实授正六品御前带刀护卫,领刑部正捕缺,少林南宗俗家弟子,蒲田韩峻。"

方天豪惊慌失色的脸上终于挤出了一丝微笑,而且很快地站了起来。

"想不到名动天下的刑部总捕韩老前辈,今夜居然惠然光临。"

韩峻冷冷地打断了他的话。

"我不是你的老前辈,我也不是来找你的。"

"你难道是来找我的?"李坏问。

韩峻又盯着他看了很久:"你就是李坏?"

"我就是。"

"从张家口到这里,你一共走了多少天?"

"我不知道,"李坏说,"我没有算过。"

"我知道,我算过,"韩峻说,"你一共走了六十一天。"

李坏摇头苦笑。

"我又不是什么大人物,又不是御前带刀护卫,又不是刑部的总捕头。为什么会有人把我的这些事计算得这么清楚?"

"你当然不是刑部的捕头,一百个捕头一年里挣来的银子也不够你一天花的。"

韩峻冷笑着问李坏：

"你知不知道你在这六十一天花了多少？"

"我不知道，我也没有算过。"

"我也算过。"韩峻说，"你一共花了八万六千六百五十两。"

李坏用吹口哨的声音吹了一口气。

"我真的花了这么多？"

"一点不假。"

李坏又笑得很愉快了："这么样看起来，我好像真的是蛮客气蛮有钱的样子。"

"你当然是。"韩峻的声音更冷，"你本来只不过是个穷小子，你花的这些钱是从哪里来的？"

"那就是我的事了，跟你一点关系也没有。"

"有。"

"有什么关系！"

"大内最近失窃了一批黄金，折合白银是一百七十万两。这个责任谁都担不起，只好由刑部来担了。"韩峻的眼睛钉子般地盯着李坏，"而在下不幸正好是刑部正堂属下的捕头。"

李坏长长地吐出一口气，摇头叹息。

"你真倒霉。"

"倒霉的人总想拉个垫背的，所以阁下也只好跟我去刑部走一趟。"

"跟你到刑部干什么？"李坏瞪着大眼睛问，"你刑部正堂大人想请我吃饭？"

韩峻不说话了。

他的脸变得更黑，他的眼睛变得更蓝。

他的眼睛还是像钉子一样，他慢慢地从椅子上站了起来，一寸一寸地站了起来。

他的每一寸移动都很慢，可是每一寸移动都潜伏着令人无法预测的危机，却又偏偏能让每个人都感觉得到。

05

每个人的呼吸都改变了，随着他雄伟躯干的移动而改变了。

只有李坏还没有变。

"你为什么要这样子看着我？难道你居然傻得会认为我就是那个劫金的独行盗？"

李坏直在摇头苦笑叹气："我倒真希望我有这么大的本事，要是我真有这么大的本事，也就不会有人敢来欺负我了。"

韩峻没有开口，却发出了声音。

他的声音不是从嘴里发出来的，是从身子里发出来的。

他身子里三百多根骨骼，每一根骨骼的关节都发出声音。

他的手足四肢仿佛又增长了几寸。

虽然他还没有出手，可是已经把少林外家的功夫发挥到极致。

方天豪忍不住叹了口气，因为他也是练外家功夫的人。

只有他能够深切了解到韩峻这出手一击的力量，他甚至已经可以看见李坏倒在地上痛苦呻吟的样子了。

李坏吓坏了，掉头就想跑，只可惜连跑都没地方可以跑。

他的前后左右都是人，男女老少都有，因为他是贵客，这些人都是来伺候他的。

韩峻的动作虽然愈来愈慢，甚至已接近停顿，可是给人的压力却愈来愈重，就好像箭已经在弦上，一触即发。

方天豪当然也不会管这种闲事的。

李坏急了，忽然飞起一脚踢翻了桌子，居然碰巧用了个巧劲，桌上的十几碟菜，被这股巧劲一震全都往韩峻身上打了过去。

碟子还没有到，菜汁菜汤已经飞溅而出。

铁火判官如果身上被溅上一身荠菜豆腐羹，那还像话吗？

韩峻向后退，迅如风。

趁这个机会，李坏如果还不逃，那么他就不是李坏了。

可惜他还是逃不掉。

忽然间，急风骤响寒光闪动，七柄精钢长剑，从七个不同的方向刺过来。

以李坏那天对付可可的身手，这七把剑之中，只要有一把是直接刺向他的，他身上就会多一个透明的窟窿。

幸好这七剑没有一剑是直接刺向他的，只听"叮、叮、叮、叮、叮、叮"六声响，七柄剑已经接在一起，搭成了一个巧妙而奇怪的架子，就好像一道奇形的钢枷一样，把李坏给枷在中间了。

江湖中人都知道，被七巧锁心剑困住的人，至今还没有一次脱逃的记录。

无论谁被他困住，就好像初恋少女的心被她的情人困住了一样，休想脱逃。

这七柄剑的长短、宽窄、重量、形式、剑质、打造的火候、剑身的零件，都完全一样。

这七柄剑无疑是同一炉炼出来的。

可是握着这七柄剑的七只手，却是完全不相同的七只手。

唯一相同的是他们刚才都曾经端过菜送上这张桌子。

李坏反而不怕了，反而笑了。

"想不到，想不到，七巧锁心剑居然变成了添茶送饭的人。"

他看着这七人中一个身材高挑、脸上长着几粒浅白麻子的俏丽夫人。

"胡大娘，"李坏说，"既然你喜欢做这种事，几时有兴趣，也不妨来为我铺床叠被。"

他又看着韩峻摇头："这当然也都是阁下安排好的，阁下还安排了些什么人在附近？"

"难道这些人还不够？"

"好像还是有点不太够。"

韩峻的脸沉下，低喊一声。

"锁。"

在这个剑式中，锁的意思就是杀。七剑交锁，血脉寸断。

剑锁已成，无人可救。

李坏的血脉没有断，身体四肢手足、肝肠、血脉都没有断。

断的是剑。

断的是七巧同心那七柄精钢百炼的锁心剑，七剑皆断。

七柄剑的剑尖都在李坏手上。

谁也看不出他的动作，可是每个人都能看得见他手上七截闪亮的剑尖。

断剑仍可杀人。

剑光又飞起，又断了一截。

断剑声如珠落玉盘。

每个人的脸色都变了,韩峻身形暴长,以虎扑豹跃之势猛击李坏。

李坏侧走,走偏锋,反手切!

他的出手远比韩峻的出手慢,他的掌切中韩峻胁下软肋时,他的头颅已经被击碎。

可是这一点大家又看错了。

韩峻忽然踉跄后退,退出五步,身子才站稳,口角已流出鲜血。

李坏微笑鞠躬,笑得又坏又可爱。

"各位再见。"

06

月色依旧,水波依旧,桥依旧,阁依旧,人却已非刚才的人。

李坏悠悠闲闲走过九曲桥,那样子就像韩峻刚才走上桥头一样。

大家只有看着他走,没有人敢拦他。

月色水波间,仿佛有一层淡淡的烟雾升起,烟雾间仿佛有一条淡淡的人影。

李坏忽然看见了这条人影。

没有人能形容他看见这条人影时心中的感觉,那种感觉就像是一个瞎子忽然间第一次看见了天上皎洁的明月。

那条人影像在月色水波烟雾间。

李坏的脚步停下。

"你是谁?"他看着这烟雾般的白衣人问,"你是谁?"

没有回答。

李坏向她走过去，仿佛受到了某种神秘的吸引力，笔直地向她走过去。

云开，月现，月光淡淡地照下来，恰巧照在她的脸上。

苍白的脸，苍白如月。

"你不是人。"李坏看着她说，"你一定是从月中来的。"

苍白的脸上忽然出现了一抹无人可解的神秘笑容，这个月中人忽然用一种梦呓般的神秘声音说："是的，我是从月中来的，我到人间来，只能带给你们一件事。"

"什么事？"

"死！"

淡淡的刀光，淡如月光。

月光也如刀。

因为就在这一道淡如月光的刀光出现时，天上的明月仿佛也突然有了杀气。

必杀必亡，万劫不复的杀气。

刀光淡，月光淡，杀气却浓如血。

刀光出现，银月色变，李坏死。

一弹指间已经是六十刹那，可是李坏的死只不过是一刹那间的事。

就在刀光出现的一刹那。

"飞刀！"

刀光消失时，李坏的人已经像一件破衣服一样，倒挂在九曲桥头的雕花栏杆上。

他的心口上，刀锋直没至柄。

心脏绝对无疑是人身致命要害中的要害，一刀刺入，死无救，可是还有人不放心。

韩峻以箭步蹿过来，用两根手指捏住了插在李坏心口上的淡金色的淡如月光般的刀柄，拔出来，鲜血溅出，刀现出。

窄窄的刀却已足够穿透心脏。

"怎么样？"

"死定了。"

韩峻尽量不让自己脸上露出太高兴的表情："这个人是死定了。"

月光依旧，月下的白衣人仿佛已融入月色中。

07

晴天。

久雪快晴，寒更甚，擦得镜子般雪亮的青铜大火盆中，炉火红得就像是害羞小姑娘的脸。

方大老板斜倚在一张铺着紫貂皮的大炕上，炕的中间有一张低几，几上的玉盘中除了一些蜜饯糖食小瓶小罐之外，还有一盏灯、一杆枪。

灯并不是用来照明的那种灯，枪，更不是那种要将人刺杀于马下的那种枪。

这种枪当然也一样可以杀人，只不过杀得更慢，更痛苦而已。

暖室中充满了一种邪恶的香气。

人是有弱点的，所以邪恶永远是最能引诱人类的力量之一。

所以这种香气也仿佛远比江南春天里最芬芳的花朵更迷人。

"这就是鸦片,是红毛人从天竺那边弄过来的。"

方大老板眯着眼,看着刚出现在暖室中的韩峻。

"你一定要试一试,否则你这一辈子简直就像是白活了。"

韩峻好像听不见他的话,只冷冷地问:

"人埋了没有?"

"早就埋了。"

"他带来的那四个小孩子呢?"

方天豪诡笑:"覆巢之下还会有一个完整的蛋吗?"

"那么这件事是不是已经结束了?"

"圆满结束,比蛋还圆。"

"没有后患?"

"没有。"方天豪面有得色,"绝对没有。"

韩峻冷冷地看了他很久,转身,行出,忽然又回头。

"你最好记住,下次你再抽这种东西,最好不要让我看见,否则我一样会把你弄到刑部大牢去,关上十年八年。"

卵石外是一个小院,小院有雪,雪上有梅。

一株老梅孤零零地开在满地白雪的小院里,天下所有的寂寞仿佛都已种在它的根下。

多么寂寞。

多么寂寞的庭院,多么寂寞的梅,多么寂寞的人。

韩峻走出来,迎着冷风,长长地吸了一口气,又呼出一口气。他的呼吸忽然停止。

他忽然看见红梅枝叶中,有一张苍白的脸,正在看着他鬼笑。

韩峻也不知看过了多少人的脸,虽然大多数是哭脸,笑脸也不少。

可是他从来没有看过这么一张笑脸，笑得这么歪，笑得这么邪，笑得这么暧昧恐怖。

千百朵鲜红的梅花中，忽然露出了这么样一张笑脸，而且正看着他笑。

你会怎么样？

韩峻后退一步，拧腰，冲天跃起，左手横胸自卫，右手探大鹰爪，准备把这张苍白的脸从红梅中抓出来。

他这一爪没有抓下去，因为他忽然认出这张脸是谁的脸了。

同心七剑中的二侠刘伟，是个魁伟英俊的美男子，可是他死了之后，也跟别的死人没有太大的分别。

尤其是死在七断七绝伤心掌下的人，面容扭曲仿佛在笑，可是他的笑容却比哭更伤心更悲惨难看。

刘伟就是死在伤心掌下。

韩峻飞身上跃，认出了他的脸，也就看出了他是死在伤心掌下的人。

08

同心七剑，剑剑俱绝，人人都是高手，尤其是刘二和孟五。

第二个死的就是孟五。

他是被人用一辆独轮车推回来的。

他的致命伤也是七断七绝伤心掌。

七断：

心脉断、血脉断、筋脉断、肝肠断、肾水断、骨骼断、腕脉断。

七绝：

心绝、情绝、恩绝、欲绝、苦痛绝、生死绝、相思绝。

七断七绝，伤人伤心。

这种功夫渐渐地也快绝了，没有人喜欢练这种绝情绝义的功夫，也没有人愿传。

方天豪问韩峻。

他问了三个问题，都是让人很难回答的，所以他要问韩峻，因为韩峻不但是武林中有数的几大高手之一，而且头脑精密得就像是某一位奇异的天才所创造的某一种神奇机械一样。

只要是经过他的眼，经过他的耳，经过他的心的每一件事他都绝不会忘记。

"伤心七绝岂非已经绝传了？现在江湖中还有人会这种功夫？谁会？"

"有一个人会。"韩峻回答。

"谁？"

"李坏。"

"他会？"方天豪问，"他怎么会的？"

"因为我知道他是柳郎七断和胡娘七绝生前唯一的一个朋友。"

"可是他岂非已经死了？"方天豪问，"你岂非说过，月神之刀，就好像昔年小李探花的飞刀一样，例不虚发。"

韩峻转过头，用一双冷漠冷酷的冷眼，望着窗外的一钩冷冷的下弦月。

月光冷如刀。

"是的。"

韩峻的声音仿佛忽然到了远方,远在月旁。

"月光如刀,刀如月光。"他说,"月神的刀下,就好像月光下的人,没有人能躲得开月光,也没有人能躲开月神的刀。"

"没有人,真的没有人?"

"绝没有。"

"那么李坏呢?"

"李坏死了。"韩峻说,"他坏死了,他已经坏得非死不可。"

"如果这个世界上只有李坏一个人能使伤心七绝掌,如果李坏已经死定了,那么同心七剑是死在谁手下的?"

韩峻没有回答这个问题,因为这个问题谁都无法回答。

但是他却摸到了一条线,摸到了一条线的线头。

他的眼睛里忽然又发出了光。

"不错,是在五年前。"韩峻说,"五年前的二月初六,那天还在下雪。"

"那天怎么样?"方天豪问。

"那一天我在刑部值班,晚上睡在刑部的档案房里,半夜睡不着,起来翻档案,其中有一卷特别引起了我的兴趣。"

"哦?"

"那一卷档案在玄字柜的,说的是一个名字叫作叶圣康的人。"

"那个人怎么样?"

"他被人在心口刺了三剑,剑剑穿心而过,本来是绝对必死无疑的。"

"难道他没有死?"

"他没有死。"韩峻说,"到现在他还好好地活在北京城里。"

"利剑穿心，死无救，他为什么还能活到现在？"方天豪问。

"因为利剑刺透的地方，并没有他的心脏。"韩峻说，"换句话说，他的心并没有长在本来应该有一颗心长在那里的地方。"

"我不懂。"方天豪脸上的表情就好像看见一个人鼻子忽然长出了一朵花一样。"我真的听不懂你在说什么？"

"好，那么我就用最简单的方法告诉你。"韩峻说，"那个叫叶圣康的人，是个右心人。"

"右心人？"方天豪问，"右心人是什么意思？"

"右心人的意思，就是说这种人的心脏不在左边，在右边，他身体组织里每一个器官都是和一般普通人相反的。"

方天豪愣住了。

过了很久他才能开口说话，他一个字一个字地问韩峻。

"你是不是认为李坏也跟叶圣康一样，也是个右心人？"

"是的。"韩峻也一个字一个字地说，"因为除此以外，别无解释。"

"就因为李坏是个右心人，所以并没有死在月神的刀下，因为月神的刀虽然刺入他的心脏，可是他的心并没有长在那个地方。"

方天豪盯着韩峻问。

"好，你的意思是不是这样子的？"

"是的。"

第三章

轻柔

01

"一个人的心如果没有长在它应该存在的地方,这个人会觉得自己怎么样?"

"他一定会觉得很快乐。"

"快乐?为什么会觉得快乐?"

"因为这件事是错的,而错误往往是很多种快乐的起因。"

02

李坏现在一定很快乐。

他没有死,要他死的人,没有一个知道现在他在什么地方。

在这种情况下,他一定乐死了。

搜捕令已发下。

由附近各县府州道调来的捕快高手已到达。

"把李坏找出来。"韩峻发下命令,"他一定还在附近,我们不惜任何代价,都要把他找出来。"

他们没找到。
因为李坏现在正躺在一个他们连做梦都想不到的地方睡大觉。
这个李坏可真的坏死了。

03

李坏把两只脚高高地搁在桌子上,睡他的大觉。

真奇怪,他实在是条男子汉,甚至可以算是个很粗野的男子汉,可是他的这一双脚,却偏偏长得像女人的脚,又白又嫩又干净。

据他自己说,有很多女孩子都爱死他这双脚了。

我们的李坏先生说出来的话,当然并不是完全可以相信的,可是也并非连一点可以相信的地方都没有。

这个地方实在很适于睡觉,不但适于睡觉,而且适于做任何事,各式各样的事。

这个地方实在太好了,太舒服了。

像李坏这么样一个小坏蛋,实在不配到这种地方来的。

可是他偏偏来了,所以才没有人会想得到。

这个地方究竟是什么地方呢?

一个女孩轻轻巧巧地推门走进来,轻轻巧巧地走到李坏面前,用一双温温柔柔的眼睛,温温柔柔地看着李坏,看着他的脸,看着他的睡眼,看着他的脚。

李坏好像睡得像是个死人一样，可是这个死人的手偏偏又忽然伸出来了。

这个死人可真不老实，真坏。

他的手更不老实更坏，他的手居然伸到一个最不应该伸进去的地方了。

"你坏。"这个女子说，"李坏，你这个小王八蛋，真的是坏死了。"

这个女孩子又是谁呢？

她跟李坏有什么特别的情感、特别的关系，为什么要在李坏如此危急的情况下陪伴着他，又有什么特别的力量能保护他的安全，让人找不到他？

"你倒真的是逍遥自在。"这个女孩子说，"你知不知道韩峻和我爸爸找来了那批人，为了要抓你，几乎已经把城里每一寸地都翻过来了。"

"我知道，我当然知道。"李坏说，"可是我一点都不担心。"

"为什么？"

"因为他们都认为城里最恨我的人就是你，而且你又是你爸爸的女儿，如果他们会找到这里来，他们简直就不是人，是活鬼了。"

李坏这一次碰到了活鬼了。

04

　　第一个让李坏碰到的就是韩峻，他推门走进来的时候，李坏真好像看见一个活鬼，活生生地从天上掉下来一样。

　　韩峻用一种温和的几乎接近同情的眼光看着面前这个吃惊的人。

　　"我知道你想不到的，就连我自己都想不到。"韩峻叹着气说，"我们都以为今生今世再也看不到阁下这张脸了。"

　　李坏那张坏兮兮又可爱兮兮的脸上，居然又露出了他那种特有的微笑。

　　"那个小姑娘呢？那个从月亮掉下来的漂漂亮亮的神神秘秘的，专门喜欢杀人的小姑娘呢？"李坏问韩峻，"她今天居然没有来？"

　　"没有。"

　　"其实我也知道她不会来的。"

　　"你知道？"

　　"我怎么不知道。"李坏说，"月光如刀，刀如月光。我已经差一点在她刀下把我这条命送掉了，我怎么会不知道月神的刀几乎已经和昔年的小李飞刀一样例不虚发，我又怎么不知道要月神出一次手是什么代价。"

　　李坏的声音里仿佛也带着种很奇怪的感情。

　　"最重要的一点是，我也知道月神和昔年的小李探花一样，杀人只杀一次，一次失手，绝不再发。"

　　"所以你认为她今天绝不会再来。"韩峻问。

　　"是的，她今天绝不会再来。"李坏说，"因为你再也请不起她，就算你请得起，她也绝不会再来杀一个她已经杀过一次的人。"

韩峻沉默了很久。

"你说对了,你完全说对了,月神绝对是现在这个世界上代价最高的杀手,她今天的确是不会来的。"

李坏笑。

"可是我相信你也应该知道,今天我也不会一个人来的。"

"我知道。"

李坏笑:"你当然不会一个人来,如果你今天是一个人来的,你还想走得了?"

韩峻又用一种和刚才同样的温和得接近同情的眼色看着他。

"那么你知不知道我今天带了些什么人来?"

"我不知道。"

李坏当然不会知道,李坏也想不到。

没有人能想得到。

没有人能想得到刑堂总捕、名满天下的"铁火判官"韩峻会为了一个默默无名的年轻小子,而出动这么多江湖中的一流高手。

所有和官府刑部六扇门里有关系的高手,这一次几乎全部都出动了,就好像变戏法一样忽然间就从四面八方各种不同的地方到了这个山城,而且忽然间就到了李坏自己认为全世界最平安的一个小屋。

李坏这一次可真坏了。

不管什么样的人,在这种情况下,如果碰上了今天李坏碰上的这些高手,都一样没路可走。

连死路都没有。

因为有些人还不想他死得太早。

求生不得，求死不能。那么你说李坏应该怎么办呢？

李坏如果完全没有办法的话，那么李坏就不是李坏了。

李坏忽然做了一件大家连做梦都想不到的事，尤其是可可，连她在做一个最可怕的噩梦的时候都想不到。

她的手忽然被握住，被李坏握住。

她的手当然常常会被李坏握住，她全身上下有许多地方都常常被李坏握住。

可是这一次和以前的每一次都不同。

李坏这一次竟然是用七十二路小擒拿手中最厉害的一招去握她的手。

她的手就好像忽然被一个铁铐子铐住了一样，忽然她就听见李坏在说：

"各位现在已经可以开始恭喜我了，因为我已经死不了了。"

李坏的笑容真可恶。

"因为各位一定都不愿让这位方大小姐在如此年轻貌美的时候就忽然死了，所以我大概也可以继续活下去。"李坏说，"如果我死了的话，可可小姐也活不了。"

李坏叹了一口气，"这一点我相信各位一定都跟我一样非常地明白。"

这一种卑鄙下流无耻的话，居然从李坏嘴里说出来，可可简直不敢相信自己的耳朵。

非但她不相信，别人更不相信。

方大老板的脸在这一刹那间就已经变成了猪肝色。

"你这个小王八蛋，你是不是人，你怎么能做出这种事来！"方天豪怒吼,"我女儿这么样对你,你怎么能这么样对她?"

"这一点都不奇怪。"李坏心平气和理直气壮地说,"我李坏,本来就是个坏人,我本来就坏死了,如果我连这种事都做不出,那才奇怪。"

他用一种很优雅的态度鞠躬。

"我相信各位一定很明了现在这种情况。"李坏说,"所以我也相信各位一定会让我走的。"

他又说:"李坏是什么东西?李坏只不过是个坏蛋而已,怎么能用可可小姐的一条命,来换李坏这个王八蛋的一条命呢?"李坏说,"所以我相信我现在已经可以对各位说一声再见了。"

就这样,李坏就真的和这些一心要置他于死地的武林一级高手再见了。

他居然真的太太平平地走出这个龙潭虎穴。

这一点连他自己几乎都不敢相信是真的。

他手里虽然有人质,方天豪虽然心疼他的女儿,可是他还是不应该如此轻易脱走。

来对付他的人,每个人都有一手,就算他手里有人质,也一样能想得出办法对付他,何况,别人对我们这位方大老板的掌上明珠的生死存亡,也并不一定很在乎。

他们为什么会让李坏走呢?

这一点谁都不懂。

05

快马,狂奔,山城渐远,更远。

山城已远。

山城虽然已远,明月仍然可见,仍然是在山城所能见到的那同样的一轮明月。

在此时,月光当然不会利如刀,在此时,月色淡如水。

淡淡的月光,从一扇半掩着的窗户里,伴着山间凄冷的寒气,进入了这间小屋。

小木屋在群山间,李坏在这间小木屋里。

可可当然也在。

她人在一堆熊熊的炉火前,炉火把她的脸照得飞红。

李坏的脸却是苍白的,脸上的坏相没有了,脸上的坏笑也没有了。

他居然好像在思索。

因为他不懂,却又偏偏好像有一点要懂的样子,因为他在逃窜的时候,他好像看见了一条淡淡的白色人影,淡得好像月光那么淡的人影,从他的身边掠过去了,就好像月光和山峰从他身边掠过去一样轻柔。

他确实看见了这么样一条人影,因为就在那时候他也听到了一个人,一个女人用柔美如月光般的声音说:

"你们全都给我站住,让李坏走……"

李坏不是在做梦,他从很小很小的时候,就已经不再做梦。

他确实听到了这个人说话的声音。

可是他更不懂了。

如果说他能够如此轻易脱走,是因为月神替他阻住了追兵。

那么月神为什么要这么做呢?

火光闪动,飞红的脸更红。

"我决定了。"可可忽然说,"我完全决定了,绝对决定了。"

她说话的声音好奇怪。

"你决定了什么?"李坏问。

"我决定了要做一件事。"可可说,"我决定要做一件让你会觉得非常开心,而且会对我非常非常感激的事。"

"什么事?"

可可用一双非常非常非常有情感的眼光看着这个男人,看了很久,然后又用一种非常非常有情感的声音对他说:

"我知道你听了我的话之后,一定会非常非常感动的,我只希望你听了之后不要哭,不要感动得连眼泪都掉下来。"

"你放心,我不会哭的。"

"你会的。"

李坏投降了:"好,不管我听了之后会被你感动成什么样子,你最少也应该把你究竟决定了什么事告诉我。"

"好,我告诉你。"可可真的是一副下定决心的样子,"我决定原谅你了。"

她用一种几乎是诸葛亮在下定决心要杀马谡时那种坚决的态度说:"不管你对我做什么事,我都决心原谅你了,因为我知道你也有你的苦衷,因为你也要活下去。"

她忽然跑过来,搂住了李坏的脖子。

"所以,你也不必再解释了。"可可说,"既然我已经原谅你,你也就不必再解释。"

李坏没有再解释。

——有些话你自己既不想说也不能说可是别人却一定要替你说,因为这些话正是那个人自己想听的,也是说给自己听的。

"我知道你绝不是个忘恩负义、恩将仇报的人,你那样子对我,只不过想要活下去而已。"

可可在替李坏解释。

"不管什么人在你那种情况之下,都会像你那样做。一个人想要跟他心爱的人在一起,就得要活下去才行。"可可粲然一笑,"在那种情况下,你要跟我在一起,不把我带去怎么行,你想把我带走不用那种法子,用什么法子呢?"

她笑得愈来愈开心,"所以我一点都不怪你,因为我完全明白你的意思,你呀你,真是个小坏蛋,幸好我也不是什么好东西。"

她笑得开心极了,因为她说的这些话正好是她自己最喜欢听的。

所以她根本没有注意到李坏的瞳孔里已经出现了一条淡淡的白衣人影。

——难道那个从月中来的人又出现了?而且已出现在李坏的眼前?

"我要走了。"李坏忽然说。

"你要走了?"可可吃惊地问,"你要到哪里去?"

"我不知道。"

"你为什么要走?"

"我不知道。"

"你什么都不知道?"

"是的,我什么都不知道。"李坏说,"我只知道现在我一定要走了。"

这个聪明绝顶也坏透了顶的小坏蛋,现在脸上居然有一种痴痴呆呆的表情,连他的眼睛里都有这种表情。

——那条梦一样的白衣人影,当然也依旧还在他的眼睛里。

可可看着他,就好像一个溺水的人眼看着一根他本来已可攀住的浮木忽然又被海浪冲走一样。

她就这么样眼看着李坏从她身边走出门。

她完全无能为力。

门外月色如水。

月下有人,白衣人,人在烟雨山树水月间。

人静。

甚至比烟雨水月中的山树更静,只是静静地看着李坏。

她没有说一个字。

可是李坏却像是听到了一种神秘的咒语。

她没有招手,连动都没有动。

可是李坏却像是受到了天地间最神奇的一种魔力的吸引。

她没有叫李坏追随她。

可是李坏已经从最爱他的女人身边走了过去,走入清冷如水的月光下,走向她。

这一次李坏好像一点都不坏,非但不坏,而且比最不坏的乖小孩都乖。

每个坏蛋在某一个人面前都会这样子,也许这就是坏蛋们最大的悲哀。

06

"我并没有叫你来。"

"我知道。"

"你为什么要来。"

"我不知道。"

"你知道什么?"

"我只知道现在我已经来了,我也知道既然我已经来了就绝对不会走。"李坏说。

"不管这里是什么样的地方,你都不走?"

"我绝不走。"

"你不后悔?"

"我绝不后悔,死也不后悔。"

所以李坏就到了这个世界来了。

这个世界是一个从来都没有尘世中人到过的世界,也不属于人的。

在这个神秘遥远而美丽的世界里,所有的一切,都属于月。

没有人知道它在哪里。没有人知道它那里的山川风貌和形态。

甚至没有人知道它的存在。

所以李坏就从此离开了人的世界。

第四章

山城之死

01

春雪已经融了，高山上已经有雪融后清澈的泉水流下来。

可是在山之巅的白云深处，那一片亘古以来就存在的积雪，仍然在闪动着银光。

在这一片银白色的世界里，万事万物都很少有变化，甚至可以说没有变化。

只有生命才有变化。

可是在这里，几乎完全没有生命。

李坏到这里的时候，就已经感觉到这一点。

他不在乎。

因为他已经拥有了他梦想不到的那一种神秘的感情，一个他从未梦想过他会拥有的女人，使得他得到了一份新的生命。

他也为这世界带来了生命。

可是在今天早上对李坏来说，天地间所有的万事万物都已毁灭。

02

李坏在这里已经待了一百一十七天,一千四百零四个时辰。

每一天每一个时辰每一刻都是浓得化不开的柔情蜜意。

月并不冷。

月光的轻柔,是凡夫俗子们永远无法领略的。

李坏为自己庆幸,也为自己骄傲,因为他所得到的,是别人永远无法得到的。

宝剑有双锋,每一件事都有正反两面。

得到了你所最珍视的东西,往往也就会失去你所最珍惜的东西,你得到的愈多,失去的往往也更多。

在万般柔情里,李坏常常会忽然觉得自己有了一种从未曾有的痛苦。

他怕失去。

他怕失去他生命中最爱的一个女人。

从一开始,他就有一种他迟早必将会失去她的感觉。

今天早上他这种感觉应验了。

03

这天早上,奇静,奇寒,奇美,和另外一个一百一十七个早上完全没有两样。

不同的是,今天早上,李坏的身边已经没有人了。

人呢?

人已去,去如梦如雾如烟。

没有留下一句话,没有留下一个字,就这么样走了。

——你真的就这么样走了?

真的,每件事都是真的,情也是真,梦也是真,聚也是真,离也是真。

——人世间哪里还有比离别更真实的?

04

李坏又开始坏了。

李坏吃,李坏喝,李坏嫖,李坏赌,李坏醉。

他吃,吃不下;他赌,赌不输;他嫖,也可能是别人在嫖他。

所以他只有醉。

可是醉了又如何?但愿长醉不复醒,这也只不过是诗人的空梦而已。

有谁能长醉不醒呢?

醒来时那一份有如冷风扑面般忽然袭来的空虚和寂寞，又有谁能体会？

一个没有根的浪子，总希望能找到一个属于自己的根。

所以李坏又回到了那山城。

这个小小的山城，也就像是高山亘古不化的积雪一样，一直很少有变化。

可是这次李坏回来时，已完全变了。

05

山坡变了。

远山仍在，远山下的青石、绿树、红花、黄土仍在，可是山城已不在。

山城里的人居然也不在了。

这座在李坏心目中仿佛从远古以来就已存在，而且还会存在到永远的山城，如今竟已忽然不在。

这座山城竟然已经变成了一座死城。

06

一只死鸡，一条半死的狗，一条死寂的黄土街，一扇被风吹得啪嗒啪嗒直响的破窗户，一个没有火的冷灶，一个摔破了的空酒坛，一个连底都已经朝了天的、里面连一个发了霉的馒头都没有的空蒸笼。

一个和那条狗一样已经快死了的人。

这个人就是李坏回到这山城时所看到的唯一的一个人。
他认得这个人，他当然认得这个人。
因为这个人就是开馒头店的张老头。

"这里怎么变成这个样子呢？这里的那些人呢？这究竟是怎么回事？"

李坏费了很大的工夫去问张老头，还是问不出一个结果来。

张老头已经和那条狗一样被饿得就好像马上快要死了。

李坏把行囊里所有能吃能喝的都拿出来给了这个人和这条狗，所以现在狗又开始可以叫了，人也开始可以说话了。

只可惜人说的话只有一个字，虽然这个字他老是在不停地说，可是还是只有一个字，一个"可"字。

"可可、可可、可可、可可、……"

这个字他重复不停地说，也不知道说了多少遍，也不知道还要说多少遍。

李坏叫了起来，差一点就要跳了起来。

他已经有很久没有听到过这个名字，张老头为什么要在这时候一直反复不停地念她的名字？

山城已死，这个死城中除了张老头之外，还有没有别人能幸存？

"可可呢？"李坏问，"她是不是还活着？"

张老头抬起头看看他，一双痴呆迷茫的老眼里，忽然闪过了一道光。

于是李坏终于又见到了可可。

07

  方庄的后园已经荒芜，荒芜的庭院中，凄冷败落的庭台间，凋零的草木深处有三间松木小筑。
  夜已经很深了。
  荒园里只有一点灯光。
  李坏随着张老头走过去，就看见了那一间小小的木屋。

  灯在屋中，人在灯下。
  一个已经瘦得几乎完全脱了形的人，一张苍白而痴迷的脸。
  可可。
  "李坏，你这坏小鬼，你真的坏死了。"
  她嘴里一直在反反复复不停地念着这三句话，她的心已经完全破碎，世上的万事万物也都已随着她的心碎而裂成碎片，除了这三句话之外，她已经无法将世上任何事连缀在一起。
  一个心碎了的女人，思想也会随着破碎的。

  李坏的心也碎了，可是他的脸上却还是带着他那脸可爱又可恨的笑。
  此时此刻，此情此景，他不笑又能怎么样，难道你叫他哭？
  "可可，我就是李坏，我就是那个坏死了的坏小鬼，我已经坏得连我自己都快要被我自己气死了。"李坏说，"像我这么坏的人，已经坏得再也找不出第二个了，所以我相信你一定还认得我。"
  可可却好像完全不认得他了。

可可看到他的样子,就好像一辈子从来没有见过这个人。

可可看到他的样子,根本就不像是在看着一个人,就好像在看着一堆狗屎一样。

然后可可就给了他一个耳光。

这一耳光着着实实打在李坏的脸上,李坏反而笑了,而且笑得很开心。

"你还认得我,我知道你一定还认得我,否则你就不会打我。"

"我认得你?"可可的样子还是痴痴迷迷的,"我认得你吗?"

李坏点头。

就在他点头的时候,他又挨了一巴掌。

他喜欢被她打,所以他才会挨她巴掌。

他自己也知道他对不起她,所以就算挨她八百七十六个巴掌,他也是心甘情愿的。

他没有挨到八百七十六个巴掌,他只挨了三巴掌。

因为这位已经疯癫痴迷了的可可小姐的第三个巴掌打到他脸上的时候,她的大拇指也同时点住了他鼻子下的"迎香穴"。

于是李坏又坏了。

古老的宅邸,深沉的庭院,凄冷中又带着种说不出的庄严肃穆之意。

红梅万点,旧屋几楹,庭台楼阁,夹杂其间,一个寂寞的老人,独坐在廊檐下,仿佛久与这个世界隔绝。

并不是这个世界要隔绝他,而是他要隔绝这个世界。

一个和他同样有一头银丝般白发、高大威猛的老人,用一种几乎比狸猫还轻巧的脚步,穿过了积雪的小院。

积雪上几乎完全没有留下一点脚印。

高大威猛的老人来到他面前,忽然间仿佛变得矮小了很多。

"我们已经有了少爷的消息。"

"去带他回来。"寂寞的老人,寂寞的老眼中忽然有了光,"不管他的人在哪里,不管你用什么法子,你都一定要带他回来。"

第五章

银衣

01

李坏这一次可真坏得连自己都有点莫名其妙了,他从来没有想到过他也有一天会落到这么糟这么坏的情况中。

被一个女孩子,用一种既不光明又不磊落的方法点住鼻子下面的"迎香穴",已经是一件够糟够坏的事了。

更糟的是,这个女孩子还是他最信任的女孩子,而且还被她点了另外十七八个穴道。

所以我们这位坏点子一向奇多无比的李坏先生,现在也只有规规矩矩老老实实地坐在一张大红木椅子上,等着别人来修理他。

有谁会来修理他?要怎么样修理他?

"可可,你为什么要这样对付我?"

"我恨你,恨死了你。"

"我有什么地方得罪了你?"

"你根本不是人,是个活鬼,所以你也只喜欢那月亮里下来的活女鬼。"

李坏笑,坏笑。

在这种时候他居然还能笑得出来,倒也实在是件令人不得不佩服的事。

"你笑什么？"

"我在笑你，原来你在吃醋。"

其实他应该笑不出来的。

其实他也应该知道女孩子吃醋绝对不是一件可笑的事。

女孩子吃醋，常常都会把人命吃出来的。

李坏这一次自己也知道这条命快要被送掉了，因为他已经看到方大老板和韩峻从外面走了进来。

02

韩峻居然也在笑。

他当然有他应该笑的理由，皇库失金的重案，现在总算已经有了交代，盗金的首犯李坏，现在总算已被逮捕归案。

"放你妈的狗臭屁，"李坏用一种很温柔的声音破口大骂，"你这个乌龟王八蛋，你偷了金子，要我来替你背黑锅，我也可以原谅你的，因为如果我是你，我说不定也会这么做的，可是你为什么一定还要我的命？"

"因为你坏。"

韩峻自从五岁以后就没有这么样笑过。"像你这么坏的人，如果不死，往后的日子我怎么能睡得着觉？"

方大老板当然也在笑。

李坏看着他，忽然用一种很神秘的声音告诉他："如果我是你，现在我一定笑不出来的。"

"为什么？"

李坏的声音更低，更神秘："你知道你的女儿肚子里已经有我的孩子了？"

方大老板的笑容立刻冻结，反手一巴掌往他脸上捆了过去。

李坏脸上的笑容一点都没有变。

"你打我没关系，只可惜你永远打不到你女儿肚子里的孩子。"李坏说，"她这么样恨我，这么样害我，就因为她肚子里有了我的孩子，而我却硬是不理她。"

方天豪的脸绿了，忽然转身冲了出去。

李坏笑得更坏，他知道他是要找他女儿去算账去了，他也知道这种事是跳到海水里都洗不清的。

一个偷偷摸摸在外面有了孩子，而且是个坏蛋的坏孩子的小姑娘，如果被她爸爸抓住，那种情况也不太妙。

李坏觉得自己总算也报了一点点仇了。

李坏是真坏，可是他报仇通常都不会用那种冷冽残酷的法子。

他不是那种人。

03

只可惜一个人在倒霉的时候，总好像有一连串倒霉的事在等着他。

方天豪本来明明已经冲了出去，想不到忽然间又退了回来。

一步一步地退了回来，脸上的表情就好像撞到了瘟神一样。

李坏看不到门外面的情况，可是就算他用肚脐眼去想他也应该想得出外面发生了一件让方天豪很吃惊的事。

在方天豪现在这种情况下，能够让他吃惊成这副样子的事已经不多了。

李坏的好奇心又像是一个十七岁的女孩子的春心，开始在春天里发动了起来。

门外面是什么地方？发生了什么事？不但李坏想不出，大家全都想不出。

每个人都开始紧张起来了。

"是什么人？"

韩峻轻叱，急箭般蹿出，左拳右掌均已蓄势待发，而且一触即发，发必致命。

想不到忽然间他也退了回来，就像方天豪那样一步一步地退了回来，脸上的表情也充满了惊惶和畏惧。

然后门外就有一个高大威猛满头银发如丝的老人，慢慢地走进了这间屋子。

李坏的心沉了下去。

如果这个世界上还有一个他看见了就会头痛的人,大概就是这个人。

04

老人的白发如银丝,一身衣裳也闪烁着银光,连腰带都是用纯银和白金所制。

他自己也不否认他是个非常奢侈非常讲究非常挑剔的人,对衣食住行中每一个细节都非常讲究挑剔。

每个人都知道这是他的缺点,可是大家也不能否认他的优点远比他的缺点多得多。

最重要的一点是,他绝对有资格享受所有他所喜爱的一切。

老人背负着双手,缓缓地踱入了这间大厅。韩峻、方天豪,立刻用一种出自内心的真诚敬畏的态度,躬身行礼。

"大总管,几乎已经有十年未履江湖了,今天怎么会忽然光临此地?"方天豪说。

"老庄主最近身子可安泰?"韩峻用更恭敬的态度问,"少庄主的病最近有没有好一点?"

老人只对他们淡淡地笑了笑,什么话都没有回答,李坏却大声抢着说:

"老庄主的身子一天比一天坏,小庄主已经病得快死了,你们问他,他能说什么?他当然连一个屁都不会放。"

"大胆,无礼。"

方、韩齐声怒喝。韩峻抢着出手，他本来早已有心杀人灭口，这种机会怎么会错过。

他用的当然是致命的杀手。

江湖中也不知道有多少人死在这一击之下。

一个已经被人点了十七八处重要穴道的人，除了死之外，还有什么戏唱？

可是李坏知道他一定还有戏唱，唱的还是他最不喜欢唱的一出戏。

05

韩峻尽全力一击，一石二鸟，不但灭口，也可以讨好这位当世无双的大人物大总管。

他这一击出手，意在必得。

想不到银光一闪间，他的人已经被震得飞了出去，更想不到的是那一道闪动的银光居然竟是大总管长长的袍袖。

方天豪赫然。

更令人吃惊的是，受大家尊敬而被李坏羞辱的大总管此刻居然走到李坏面前，用一种比别人对他自己更尊敬的态度躬身行礼。

方天豪和韩峻几乎不能相信自己的眼睛，这种事怎么可能会在这个世界上发生呢？

更令他们不能相信的是自己的耳朵，因为这位满身银衣灿烂威猛如天神的老人，现在居然用一种谦卑如奴仆的声调对李坏说：

"二少爷，小人奉庄主之命，特地到这里来请二少爷回去。"

回去？

一个没有根的浪子，一个从小就没有家没有亲人没有饭吃的坏孩子，能回到哪里去？

长亭复短亭，何处是归程？

06

可可忽然出现在门口，阻住了这个没有人敢阻止的银发老人。

"你是谁？你就是二十年前那个杀人如麻的铁如银铁银衣？"

"我就是。"

"你为什么要把他带走？"

"我是奉命而来的。"

"奉谁的命？"

"当世天下英雄没有人不尊敬的李老庄主。"

"他凭什么要他跟你走？我救过他的命，为了他牺牲我自己一辈子的幸福，我已经有了他的孩子，这一次费尽了心血才把他捉住，甚至不惜让我从小生长的一个城镇都变成了死城。"

可可的声音已因呼喊而嘶哑。

"我为什么不能留下他？那个姓李的老庄主凭什么要你带走他？"

铁银衣沉默了很久，才一个字一个字地说："因为那位李老庄主是他的父亲。"

"是他的父亲？"可可狂笑，"他的父亲替他做过什么事？从小就不要他不管他，现在有什么资格要你带他回去？"

可可的笑声中已经有了哭声，用力拉住了李坏的衣袖。

"我知道你不会回去,你从小就是个没人要、没人理、没人管的孩子,现在为什么要回去?"

"我要回去。"

"为什么?"

李坏也沉默了很久,才一个字一个字地说:"我也不知道,我真的不知道。"

其实他是知道的。

每一个没有根的人,都希望能找到一个属于自己的根。

07

这一天又有明月。

这时候明月下也有一个人和可可一样在流泪,用一缕明月般的衫袖悄悄地拭去她脸上在明月下悄悄流落的泪痕。

第二部

往事九年如烟

第一章

李坏的家

01

远山，山城。

也不知道是哪一年的大年初一早上，远处的爆竹声不停地在响。满地银白的瑞雪，象征着这一年的丰收，对大多数人来说，这一年无疑是充满了欢愉的一年。

可是对这个小孩来说，这一年也跟其他许多年没什么不同，也只有羞辱、苦难和饥饿。

在这个世界上，他没有一个亲近的人，没有一天安裕的日子。

在这个世界上，他根本什么都没有。

别人最欢愉最快乐的时候，就是他最痛苦最寂寞的时候。

他一个人躲在山脚旁的一个草寮里，红花、鲜果、新衣、爆竹、饺子、红烧肉和压岁钱，这一切都是属于别的小孩的，他从未梦想过会得到这些。

刚才虽然有一个穿红衣服的小女孩，用一块红丝巾包了一只鸡腿、两块烧肉、三张油饼、四个卤蛋、五六卷糖糕，悄悄地跑来送给他，却被他赶走了。

他不要别人可怜他,也不要别人的施舍。

那个小女孩哭哭啼啼地走了,把鸡腿、烧肉、油饼、卤蛋、糖糕都撒落在积雪的山坡上,只要他走出去就可以捡回来吃,既没有人会看见,也没有人会耻笑。

可是他没有去捡。

虽然他饿得要死,也没有去捡,就算他会饿死,也绝不会去捡的。

他天生就是这种脾气。

他的血脉里,天生流的就是这种血,永不妥协,永不屈服,绝不低头。

02

一个高大威猛满头银发的老人突然出现在他面前,已经在远处静静地看了他很久,也观察了他很久。

小孩也在瞪着他,用一种凶巴巴的态度问:

"大年初一,你不在家里陪着孩子过年,跑到这里来瞪着我看什么?我有什么好看的?"

老人的态度很严肃,严肃得几乎接近沉痛。

"你姓什么?"老人问小孩。

"我不知道。"

"你不知道?原来你连自己姓什么都不知道。"

"为什么一定要知道?"小孩撇着嘴斜着眼挺着胸,"我没有爹没有娘没有姓,那是我家的事,跟你有什么狗屁关系,你凭什么问我?"

老人看着他，眼中的沉痛之色更深。

"你怎么知道跟我没关系？我到这里来，就是特地来找你的。"

"找我？你又不认得我，找我干吗？"

"我认得你。"

"你认得我？你怎么会认得我？"小孩忽然有点吃惊了。"你知道我是谁？"

"我知道，我当然知道。"老人的声音充满悲伤和哀痛。"我也认得你的父亲，如果没有他，现在我就算还活着没死也比你更惨。"

小孩吃惊地看着他，看了很久。

"你是谁？"小孩问老人，"你姓什么？"

"我姓铁。"

"那么我呢？"

"你姓李。"老人说，"你的名字应该叫李善。"

小孩忽然笑了。

"李善，我的名字应该叫李善？像我这样的人，就算姓李，也应该叫李坏。"

第二章

骨血

01

老人带着小孩走了。

"你要带我到哪里去?"

"带你回家去。"

"回家?我哪里有家?"

"你有的。"老人说,"我相信你一定会以你的家为荣,你的家也一定会以你为荣。"

"以我为荣?像我这么样一个已经从头顶坏到脚底坏透了的坏小孩?"

"你不坏。"

"我还不坏?怎么样才算坏?"

"能做得出那种卑鄙无耻下流的事的人才算坏。"老人说,"可是你做不出。"

"你怎么知道我做不出?"

"因为你是李家的人,是李家的骨血。"老人的态度更严肃。"只要你能保持这一点骨气,我也敢保证世界上绝没有任何人敢对你有一点轻贱。"

02

于是李坏回家了,那是他第一次回家,那是在九年之前。

现在李坏又回家了。

物是人非,岁月流转。九年,一个孩子已经长大了。

九年,一种天下无双的绝技已练成。

九年,一宗富可敌国的宝藏已经被找到。

九年,九年间的变化有多么大?

第三部

一战销魂

第一章

公孙太夫人

01

"你要我回去,我就跟你回去。你至少也应该答应我一件事。"
"什么事?"
"我要喝酒,要痛痛快快地喝一顿。"
"好,我请你喝酒。"铁银衣说,"我一定让你痛痛快快地喝一顿。"

02

高地,高地上一片平阔。秋风吹过,不见落叶,因为这一块原野上连一棵树木都没有。

可是一夜之间,这地方忽然变了。忽然有二十余顶戴着金色流苏的帐篷搭起,围绕着一顶用一千一百二十八张小牛皮缝成的巨大帐篷。

这是早上的事。

前一天才来过的牧人,早上到了这里都以为自己走错了地方。

到了中午,人们更吃惊了,更没法子相信自己的眼睛。

草地上忽然铺起了红毡,精致的木器、桌椅、床帐,一车一车地运来,分配到不同的帐篷里。

主篷里的餐桌上已经陈设好纯金和纯银的酒具。

然后来的是七八辆宽阔的大车,从车上走下来的是一些肚子已经微微凸起的中年人,气派好像都很大,可是脸上却仿佛戴着一层永远都洗不掉的油腻。

很少有人认得他们,只听见远处有人在吆喝。

"天香楼的陈大师傅,鹿鸣春的王大师傅,心园春的杜大师傅,玉楼春的胡大师傅,状元楼的李大师傅,奎元馆的林大师傅,都到了。"

黄昏前后,又来了一批人。来的是一辆辆软马香车,从车上走下来的是一些被侍儿、丫环、艳女、俊童围绕着的绝色美人,每一个都有她们特殊的风采和风格,和她们独特的吸引力。

她们被分配到不同的帐篷里去。

最后到达的当然是铁银衣和李坏。

03

李坏来的时候,天已经黑了,帐篷里已经亮起了辉煌灿烂如白昼的灯火。

李坏眯起了眼,眯着眼笑了。

"别人都说铁大总管向来手笔之大,天下无双。那倒是真的一点都不假。"

"我答应你要痛痛快快地请你喝一顿,要请就要请得像个样子。"

"看这个样子,今天晚上我好像非醉不可。"

"那么你就醉吧!"铁银衣说,"我们不是朋友,可是今天晚上我可以陪你醉一场。"

"我们为什么不是朋友?"李坏问。

铁银衣看着他,眼中的表情又变得非常沉重严肃。

"一定要记住,你是李家的二少爷,以你现在的身份和地位,天下已经没有一个人配做你的朋友。"

他一个字一个字地接着说:"你更要记住,喝完了今天晚上这顿酒之后,你大概也没有什么机会再像这样子喝酒了。"

"为什么?"

"因为现在你已是天下无双的飞刀传人。"铁银衣的神色更沉重。"要做这种人就一定要付出非常痛苦的代价。"

"那么我为什么要做这种人?"

"因为你天生就是这种人,你根本就别无选择的余地。"

"难道我就不能活得比较快乐点?"

"你不能。"

李坏又笑了:"我不信,我就偏要想法子试一试。"

04

不管最后酒醒会多么消沉颓废情绪低落,在喝酒的时候总是快乐的,尤其是在琥珀樽前美人肩上。

所以李坏喝酒。

铁银衣也喝,喝得居然不比李坏少。

这个在二十年前就已经纵横天下,杀人如麻,脸上从来没有露出过丝毫情感的老人,心里难道也有什么解不开的结?一定要用酒才能解得开?

酒已将醉,夜已深。

在夜色最黑最深最暗处,忽然传出一阵奇异而诡秘的声音,就好像蚊虫飞鸣时那种声音一样,又轻又尖又细,可是从那么远那么远的地方传来,听起来还是非常清楚,就像是近在身边一样。

铁银衣那两道宛如用银丝编织起来的浓眉,忽然皱了皱。

李坏立刻问他。

"什么事?"

"没事,喝酒。"

这一大觥酒刚从咽喉里喝下去的时候,就看见一个人从帐篷外走了进来。

一个非常奇怪的人,用一种非常奇怪的姿态和步伐走了进来。

这个人就好像一面跳舞一面走进来的一样。

05

这个人的腰就像是蛇一样,甚至比蛇更灵动柔软,更善于转折扭曲。随随便便地就可以从一个任何人都想象不到的角度扭转过来,忽然间又从一个任何人都想象不到的方向扭转出去。扭转的姿势又怪异又诡秘又优美,而且带着种极原始的诱惑。

这个人的皮肤就像是缎子一样,却没有缎子那种刺眼的光泽。

它的光泽柔美而温和,可是也同样带着种原始的诱惑力。

这个人的腿笔直而修长，在肌肉的跃动中，又带着种野性的弹力和韵律。

一种可以让每个男人都心跳不已的韵律。

就随着这种韵律，这个人用那种不可思议的姿态走进了这个帐篷。

大家的心跳都加快了，呼吸却似已将停止，就连李坏都不例外。

后来每当他在酒后碰到一个好友的时候，他都会对这个人赞美不已。

"那个人真是个绝世无双的美人，我保证你看见他也会心动的。"李坏说，"我保证只要还是个男人的男人看见他都会心动的。"

"你呢？你的心有没有动？"

"我没有。"

"难道你不是男人？"

"我当然是个男人，而且是个标准的男人。"

"那么你的心为什么没有动？"

"因为那个人也是个男人。"

于是听的人大家都绝倒。

06

这个远比世界上大多数女人都有魅力的男人，扭舞着走到铁银衣和李坏面前，先给了李坏一个简直可以把人都迷死的媚眼，然后就用一双十指尖尖，如春笋的玉手把一个织锦缎的盒子放在他们的桌子上。

然后他又给了李坏一个媚眼，当然也没有忘记给铁银衣一个。

他的腰肢一直不停地在扭舞。

他的腰真软。

李坏居然觉得自己的嘴有点发干。

铁银衣却只是冷冷地看着,神色连动都没有动。

这个人用最妩媚的态度对他嫣然一笑,旋风般的一轮转舞,人已在帐篷外。

他的笑,他的舞,已足以使在座的名妓、美人失去颜色,只有铁银衣仍然声色不变。

"你真行。"李坏说,"看见了这样的女人,居然能无动于衷。"

"他如果是女人,我一定会把他留下来的,只可惜他不是。"

"他不是女人?"

"他根本就不是人,既不是男人,也不是女人。"

"他是什么?"

"他只不过是个人妖。"铁银衣说,"昆州六妖中的一妖。"

李坏不笨。

"我明白了,只不过还是有点不懂,这个人妖来找你干什么?"

"你为什么不先看看这个盒子里有什么?"

打开盒子,李坏愣住。无论谁打开这个盒子都会愣住。

在这个铺满了红缎的盒子里装着的,赫然只不过是一颗豆子,一颗小小的豆子。

一颗豆子有什么稀奇?

一颗豆子有什么值得大惊小怪的呢?为什么要一个那么怪异的人用那么怪异的方法送到这里来?

李坏想不到,所以才愣住。

"你郑重其事要我看的就是这样东西?"李坏问铁银衣。

"是的。"

"这样东西看起来好像只不过是一颗豆子而已。"

"是的。"铁银衣的表情仍然很凝重,"这样东西看起来本来就只不过是一颗豆子而已。"

"一颗豆子有什么了不起?"

"一颗豆子当然没有什么了不起。"铁银衣说,"如果它真的是一颗豆子,当然没有什么了不起。"

"难道这颗豆子并不是一颗真正的豆子?"

"它不是。"

"那么它是什么?它不是豆子是什么?它是个什么玩意儿?"

铁银衣的神色更凝重,一个字一个字地说:"它绝不是什么玩意儿。"

"它不好玩?"

"绝不好玩,如果有人要把它当作一个好玩的玩意儿,必将在俄顷间死于一步间。"

李坏又愣住了。

李坏绝不是一个常常会被别人一句话说得愣住的人,可是现在铁银衣说的话他却完全不懂。

"它是一种符咒,一种可以在顷刻之间致人于死的符咒。"

"我想起来了。"李坏叫了起来,"这一定就是紫藤花下的豆子。"

"是的。"

"听说紫藤花如果把这种豆子送到一个人那里去,不管那个人是谁,只要看见这颗豆子,就等于已经是个死人了。"

"是的,"铁银衣道,"所以我才说这颗豆子是一种致命的符咒。"

"接到这种豆子的人真的全都死了？真的没有一个人能例外？"

"没有！到目前为止还没有。"

"听说她是个女人，什么样的女人有这么厉害？"

铁银衣又沉默了很久，才一个字一个字地说："你还年轻，有些事你还不懂，可是你一定要记住，这个世界上厉害的女人远比你想象中的多得多。"

李坏忽然也不说话了。

因为他忽然想起了月神，又想起了可可。

——她们算不算是厉害的女人？

李坏不愿意再想这件事，也不愿意再想这个问题，他只问铁银衣。

"你见过紫藤花没有？"

"没有。"

李坏长长地吐出了一口气，脸上又露出了那种他特有的，也不知道是可恶还是可爱的笑容。

"那么这颗豆子就一定不是送给你的。"李坏说，"所以它就算真的是一种致命的符咒，也跟你一点关系都没有。"

铁银衣盯着他看了很久，冷酷的眼睛里仿佛露出了一点温暖之意，可是声音却更冷酷了。

"难道你认为这颗豆子是给你的？难道你要把这件事承担下来？"

李坏默认。

铁银衣冷笑："喜欢逞英雄的年轻人，我看多了。不怕死的年轻人，我也看得不少。只可惜这颗豆子你是抢不走的。"

"我真的抢不走？"李坏问。

铁银衣还没有开口，李坏已经闪电般出手，从那个织锦缎的盒子里，把那个致命的豆子抢了过来。豆子从他掌心里面一下子弹起，弹入他的嘴，一下子就被他吞进了肚子，就好像一个半醉的酒鬼在吃花生米一样。然后又笑嘻嘻地问铁银衣：

"现在是我抢不走你的豆子，还是你抢不走我的豆子？"

铁银衣变色。

因为这句话刚说完，李坏脸上那种顽童般的笑容就已冻结，忽然间就变得说不出的诡异可怖，就好像是一个被冻死的人一样。

如果你没有看见过被冻死的人，你绝对想象不到他脸上的表情是什么样子。

铁银衣的瞳孔在收缩，全身的肌肉都在收缩。

如果你没有看到铁银衣现在的表情，你也绝对想象不到这样一个如此冷静冷酷冷漠的人，会变成现在这个样子。

这时候那种蚊鸣般奇异的声音又响起来了，听起来虽然还是很清楚，可是仍然仿佛在很远的地方。

其实呢？其实已经不远。

07

这种声音居然是从一把胡琴的琴弦上发出来的。

蚊子当然不会拉胡琴，只有人才会拉胡琴。

一个丰满高大艳丽、服饰华贵，虽然已经徐娘半老，可是风韵仍然可以让大多数男人心跳的女人，扶着一个憔悴枯瘦矮小、衣衫褴褛满头白发苍苍的老人，忽然出现在帐篷里。

他们明明是一步一步一步慢慢地搀扶着走进来的。

可是别人看见他们的时候，他们已经在这帐篷里了。

老人的手里在拉着胡琴。

一把破旧的胡琴，弓弦上的马尾已发黑，琴弦有的也已经断了，发出来的声音就好像蚊鸣般让人觉得说不出的烦厌躁闷。

老人的脸已经完全干瘪，一双老眼深深地陷入眼眶里，连一点光采都没有，原来竟是个瞎子。

他们进来之后就安安静静地站在门边的一个角落里。既不像要来乞讨，也不像是个卖唱的歌者。

可是每个人都没法子不注意到他们，因为这两个人太不相配了。

更令人惊奇的是，胡琴虽然就近在面前，可是如蚊鸣的琴声仍然像是从很远很远很远的地方传过来的。

只有一个人不注意他们，连看都没有看过他们一眼，就好像他们根本不存在一样。

这个人就是铁银衣。

这时候李坏不但脸上的笑容冻结僵硬，全身都好像已冻结僵硬。

事实上，任何人都应该能够看得出，就算他现在还没死，距离死也已不远了。

奇怪的是，铁银衣现在反而变得一点都不担心，好像李坏的死跟他并没有什么关系，又好像他自己也有某种神秘的符咒，可以确保李坏绝不会死的。

08

蚊鸣的胡琴声已经听不见了。

帐篷外忽然响起了一阵节奏强烈明快而奇妙的乐声,也不知道是什么乐器吹奏出来的。

刚才那个腰肢像蛇一般柔软扭动的人,又跳着那种同样怪异的舞步走了进来。

不同的是,这次他不是一个人来的。

这次来的有七个人,每个人看起来都和他同样怪异妖媚,随着乐声,跳着各式各样怪异妖媚的舞步,穿着各式各样怪异妖媚的舞装,把自己大部分胴体都暴露在舞衫外,看起来甚至比那些由波斯奴隶贩子从中东那一带买去的舞娘更大胆。

这些人当然也全都是男的。

乐声中带着种极狂野性的挑逗,他们舞得更野。

这种乐声和这种舞使人虽然明明知道他们是男的,也不会觉得恶心。

就在这群狂野舞者的腰和腿扭动间,大家忽然发现他们之中另外还有一个人。

他们是极动的,这个人却极静。

他们的胴体大部分都是裸露着的,这个人却穿着一件一直拖长到脚背的紫色金花斗篷,把全身上下都完全遮盖,只露出了一张脸。

一张无论谁只要看过一眼,就永生再也不会忘记的脸。

因为这张脸实在丑得太可怕,可是脸上却又偏偏带着种无法形容的媚态，就好像随时随地都可以让每一个男人都完全满足的样子。

有人说，丑的女人也有魅力的，有时候甚至比漂亮的女人更能令男人心动，因为她的风姿态度、一颦一笑、一举一动都能挑逗起男人的欲望。

看到了这个女人，这句话就可以得到证实。听到了她的声音，更没有人会对这句话怀疑。

她的声音沙哑而低沉。

她对铁银衣笑了笑，就慢慢走到李坏面前，凝视着李坏，看了很久。

"这个人就是李坏？"她问铁银衣。

"他就是。"

"可是我倒觉得他一点都不坏。"

"哦？"

"他非但一点都不坏，而且还真是条好汉。像他这种男人连我都没见过。"

"哦？"

"敢把我的豆子一口吞到肚子里的人，普天之下，他还是第一个。"

铁银衣故意用一种很冷淡的眼色看着这个女人，故意用一种很冷淡的声音说：

"豆子好像本来就是给人吃的，普天之下每天也不知道有多少个豆子被人吃下肚子。"

"可是我的豆子不能吃。"

"为什么？"

"因为无论谁吃下我的豆子都非死不可，在一个对时内就会化为脓血。"

铁银衣冷笑。

"你不信?"这个女人问他。

铁银衣还是在冷笑。

这种冷笑的意思很明显,那就是说他把她说的话完全当作放屁。

这个女人也笑了,笑得更柔媚。

"我想你应该知道我是谁。"

"我知道。"铁银衣冷冷地说,"你就是紫藤花。"

"你既然知道我是谁,为什么还不相信我的话?"

"因为我也知道李坏绝不会死。"

"你错了。"紫藤花柔声道,"我可以保证无论谁吃下我的豆子都会死的,这位李坏先生也不能例外。"

"这位李坏先生就是能例外。"

他的声音中充满自信,无论谁都知道铁银衣绝不是一个愚蠢无知的人,他能说出这种话绝不是没有理由的,所以紫藤花已经开始觉得有些奇怪了。

"为什么?为什么他能例外?"

"因为公孙太夫人。"

公孙太夫人,听起来最多也只不过是个老太婆的名字而已,最多也只不过是一个比别的老太婆有名一点,有钱一点,活得比较长一点的老太婆而已。

可是像紫藤花这样杀人如斩草的角色,听见这个名字,脸上的魅力好像也减少了几分。

铁银衣还是用那种非常冷淡的声音说:

"我想你一定也知道公孙太夫人是个什么样的人,也应该知道她做的是什么事。"

紫藤花也故意用一种同样冷淡的声音说：

"我好像听说过这个人，听说她也只不过是个只要有人出钱就肯替人杀人的凶手而已，只不过价钱比较高一点而已。"

"只不过如此而已？"

"除此以外，难道这个人还有什么不得了的地方？"

"如果你真的不知道，那么我可以告诉你。"铁银衣说，"一百七十年来，江湖中最可怕的杀手，就是这位公孙太夫人。当今江湖中资格最老、身价最高的杀手，也就是这位公孙太夫人。"

"我好像听说过还有一位月光如刀、刀如月光的月神。"紫藤花故意问，"江湖中是不是真的有这么样一个人？"

"是的。"

"你见过她？"

"没有。"铁银衣说，"她也像阁下和公孙太夫人一样，都是很难见得到的人。"

紫藤花的媚笑如水："可是你今天已经见到了我。"

铁银衣道："那只不过是因为你认为李坏已死，只要你和你的昆州六妖一到，我们这些看到过你的人，也都必死无救。"

紫藤花轻轻地叹了口气。

"你真是个周到的人，替别人都能想得这么周到。"

"幸好你不是我这种人。"铁银衣说，"有很多事你都没有想到。"

"哦？"

"至少你没有想到公孙太夫人今天也会来。"

"哦？"

"公孙太夫人也像月神和你一样，都不是轻易肯出手的人，可是只要有人真能出得起你们的价钱,你们也答应出手,你们就必定会现身。"

铁银衣说:"只要你们一现身,就绝不会让别人抢走你们的生意,你们两位都同样绝不会让你们要杀的人死在别人手里。"

紫藤花承认。

"这一点江湖中人人都知道,本来根本用不着我多说的。"铁银衣说。

"那么你现在为什么要说?"

"因为我忽然想到了一个很有趣的问题。"

"什么问题?"

"一个人只能死一次,如果你们两位同时出现在一个地方,同时要杀一个人,那么这个人应该死在谁的手里?"

紫藤花无疑也觉得这个问题很有趣,所以想了很久之后才问铁银衣。

"你看呢?"

"我也没有什么很特别的看法,我只不过知道一件事实而已。"

"什么事实?"

"公孙太夫人,自从第一次出手杀崂山掌门一雁道长于渤海之滨后,至今已二十二年。根据武林中最有经验、最有资格的几位前辈的推测和判断,她又曾出手过二十一次,平均每年一次,杀的都是当代武林中的顶尖人物。"

"这些老家伙又是根据什么来判断的?"

"根据公孙太夫人出手杀人的方式和习惯。"

"他们判断出什么?"

"二十一年来,公孙太夫人出手杀人从未被人抓到过一点把柄,也从未发生过一点错误，当然更从未失手过一次。"

紫藤花又笑了。

"这个记录其实我也听人说过。"她问铁银衣，"我呢？"

"你杀的人当然比她多。"铁银衣说，"你从十三年前第一次刺杀杨飞环于马嵬坡前，至今已经杀了六十九人，杀的也都是一流高手，也从未有一次失手。"

"那么算起来我是不是比公孙太夫人要强一点？"紫藤花媚笑着问。

"这种算法不对。"铁银衣说，"你比她要差一点，并且好像还不止差一点而已。"

"为什么？"

"因为你在这七十次杀人的行动中，最少曾经出现过十三次错误，有的是时间上算得不准，有的是未能一击致命，还有两次是你自己也负了伤。"铁银衣冷冷地说，"这十三次的错误，每一次都可能会要你的命。"

他冷冷淡淡地看着紫藤花，冷冷淡淡地下了个结论："所以你是绝对比不上公孙太夫人。"

紫藤花的笑好像已经笑得没有那么冶艳妩媚了，她又问铁银衣：

"你的意思是不是说，如果今天公孙太夫人也到了这里，也要杀我们这位李先生，那么李先生就一定会死在她手里？"

"我的意思大概就是这样子。"铁银衣说。

"如果公孙太夫人不让她要杀的人死在你手里，那么阁下大概就杀不死这个人。"

紫藤花又盯着李坏看了半天，脸上又渐渐露出那种令人无法抗拒的笑容。

"这一次你大概错了,我们这位李先生现在好像已经是个死人了。"紫藤花说,"你自己也说过,一个人最多只能死一次。"

他说得不错。

一个人绝对只能死一次。一个人如果已经死在你手里,就绝对不可能再死在第二个人手里。

这个不争的事实,没有人能否认。

第二章

夜迷蒙

01

蛇腰仍在不停扭动,乐声仍在继续。

狂暴喧闹野性的乐声,就好像战场上的鼙鼓、马蹄、杀伐、金铁交鸣声一样,是天地间没有任何声音可以压倒中止的。

可是现在乐声忽然被压倒了。

被一种像蚊鸣一样的琴声压倒了。

如果你不曾在战场上,你永远无法了解这种感觉。

如果你曾经在战场上,两军交阵,血流成渠,尸横遍野。督帅后方的战鼓雷鸣,你的战友和你的仇敌就在你身前、身侧刀剑互击,头断骨折,血溅当地,惨叫之声如裂帛。

可是这个时候如果有一只蚊子在你的耳畔飞鸣,你听到的最清楚的声音是什么?

一定是蚊子的声音。

如果你曾经到过战场,曾经经历过那种情况,你才能了解这种感觉。

因为在这个帐篷里的人,在这一瞬间忽然都觉得耳畔只能听得见那一丝丝一缕缕蚊鸣般的琴声，别的什么声音都听不见了。

那个丰满高大艳丽、服饰华贵，虽然已经徐娘半老，可是风韵仍然可以让大多数男人心跳的女人，就在这种不可思议的琴声中，离开了她身边那个拉胡琴的瞽目老者，用一种异常温柔娴静的姿态，慢慢地从角落走了出来，走到铁银衣面前。

"谢谢你。"

她说："谢谢，你对我们的夸赞，我们一定会永远牢记在心。"

铁银衣站起来，态度严肃诚恳："在下说的只不过是实情而已。"

"那么我也可以向阁下保证，阁下说的一点都没有错。"这位可亲又可敬的妇人也敛衽为礼，"我可以保证李坏先生在今晨日出之前绝不会死。"

现在夜已深，距离日出的时候已不远，但是浓浓的夜色仍然笼罩着大地，要看见阳光穿破东方的黑暗，还要等一段时候。

这位文雅的妇人在帐篷里辉煌的灯火下，看来不但可亲可敬，而且雍容华贵，没有人会怀疑她说的任何一句话。

"我相信。"铁银衣说，"太夫人说的话，在下绝对相信。"

紫藤花好像忍不住要笑，却又故意忍住笑，问铁银衣：

"这位女士真的就是公孙太夫人？"

"大概是真的。"

"可是她看起来实在不像，太夫人的年纪怎么会这么轻？"紫藤花说，"太夫人说出来的话，怎么会这么样不负责任？"

文雅的夫人也媚笑着向她敛衽为礼。

"你说我年轻，我实在不敢当。你说我不负责任，我也承担不起。"

"我的契约是要在日出时取他的性命，日出前他当然绝不会死。"公孙道,"就算他已经死了,我也会让他再活回来一次,然后再死在我手里。"

紫藤花轻轻地叹了口气,那六个蛇腰舞者,忽然间已围绕在公孙四侧。六个人的腰肢分别向六个不同的方向弯转下去,六个人的手也在同时从十二个不同的方向,向公孙击杀过来。

十二个方向都是令人意想不到的方向,除了他们六个人之外,江湖中已经没有任何人能从这种部位发出致命的杀手。

这位可敬的夫人,眼看就要在瞬息间变成一个可敬的死人了。

拉胡琴的老人还是在奏着他单调的琴声,脸上依然无颜无色,仿佛真的什么都看不见。

铁银衣也没有插手,对这件事,他好像已置身事外。

六个奇丽诡异妖艳的人妖,十二只销魂夺命的妙手,十二手变幻无方的杀招。

惨呼声却只有一声。

这一声惨呼并不是一个人发出来的,而是六个人在同一刹那间同时发出来的。

昆州六妖惨呼着倒下去时,全身上下好像连一点伤痕都没有,就好像是平白无故就倒了下去。

可是,忽然间,这六个人双眉间的眉心之下、鼻梁之上,忽然间就像是被一把看不见的钢刀斩断,裂开,裂成一条两三分的血眼。

这只血眼就好像是第三只眼,把他们这些人的两只眼连结到一起。

忽然之间这六个人的脸上都变得没有眼睛了,都变得只剩下了一条血沟。

他们的一双眼和双眼之间的鼻梁,已经被忽然涌出的鲜血汇成了一条血沟。

02

铁银衣脸上的颜色没有变,紫藤花居然也没有变。这个帐篷里根本没有变色的人,因为半个时辰之前还没有昏倒,还能够逃跑的人都已经逃跑了。

就连一向以文静、贤淑、优雅、明礼、明智闻名的九州名妓——宋优儿,逃走的时候都变得一点都不优雅、文静。

她跑出去的时候,看起来简直就好像被屠夫在屁股上砍了一刀的野狗。

可亲而可敬的公孙氏,又轻轻地叹了口气。

"公孙太夫人,现在我真的佩服你。你这一招六杀,出于无形无影,我相信大概很少有人能看得出我这六个小怪物是怎么死在你手里的。"

"不敢当。"

"让人看不懂的招式,总是让人不能不佩服的。"紫藤花说,"所以等太夫人魂归九天之后,每年今天我一定以香花祭酒,来纪念太夫人的忌辰。"

"不敢当。"

公孙太夫人还是文文雅雅地说:"只可惜明年今日好像我还没有死,就好像李坏先生还没有死一样。"

"你真的相信你还能救活他?"

"用不着我来救活他,如果他真的死了,也没有人能救得活他。"

"那么你难道认为他还没有死?"

公孙太夫人又叹了口气。

"如果你认为李坏先生现在已经真的死了,那么你就实在太不了解李先生这个人了。"

"哦?"

"如果李坏先生真的会死在你那么样一颗小小的豆子下,那么李坏先生就不是李坏先生了。"

这时候,还留在帐篷里的人,忽然听见有一个人笑出了声音来。

紫藤花听到这个人的笑声,却笑不出来了。

她永远想不到这个人还会笑。

这个忽然笑出来的人,居然就是明明已经死了的李坏。

03

一个在一个时辰前忽然冰冻了死冷了的李坏,如今居然会笑了。居然还能站起来,居然还能走路。

这位李坏先生居然走到了紫藤花面前,居然对这个一心想要他在日出之前就死的女人,客客气气地微笑,恭恭敬敬地用两只手送上一样东西,一样小小的东西。

"这是你的豆子。"李坏说,"我还给你。"

"谢谢你。"紫藤花也露出她最妩媚的笑容,"其实我也应该想得到,像李先生这么聪明的人,当然不会把这种不容易消化的东西真的吃下去。只不过我还是没想到李先生装死的本事居然这么高明。"

李坏笑。

"那是我从小就练出来的，我偷了别人的东西吃，别人要打死我，我就先装死。"他说，"一个从小就没饭吃的野孩子，总得要先学会一点这一类的本事。以后每当遇到这一类的情况，我也改不了这种毛病。"

"等到这个野孩子长大后又练成某一些神奇的内功时，装死的本事当然也就更高了。"

"这一点我倒也不敢妄自菲薄，装死如果装得不像，怎么能骗得过紫夫人？"

"李先生。"紫藤花媚笑着用两根青葱般的玉指拈起了李坏手掌上的豆子，"我真的很佩服你，也很喜欢你，我相信你心里大概也很喜欢我。"

李坏叹了口气。

"老实告诉你，像你这样的女人，我想不喜欢你都不行。"

"那么我能不能求你为我做一件事。"

"什么事？"

"你能不能为我真的死一次？"

任何人都应该想象得出，说到这种话的时候，必然更该到了出手的时候。在这句话开始说的时候，紫藤花已经应该出手。

这出手一击必然是生死的关键。

奇怪的是，这句话说完了很久，紫藤花还是连一点出手的意思都没有。这一瞬间本来是她出手的良机，良机一失，永不再来，只有笨蛋才会错过这种机会。

紫藤花当然绝不是个笨蛋，可是在这一瞬间她却真的显得有点笨笨的样子。

她一直想要李坏的命，李坏这种人本来也绝不会放过她的。在她显出这种笨笨的样子的时候，当然也是李坏最好的机会。

可是李坏居然也没有出手。

这两个绝顶聪明的人怎么会忽然一下子全都变成了笨蛋。

更怪的是旁边居然还有人为笨蛋拍手鼓掌。

公孙太夫人鼓掌。

"李先生，你真是了不起，连我都不能不佩服你。"

"不敢当。"

"你究竟是用什么法子把她制住？"

"我只不过在她来拿我手里这颗豆子的时候，偷偷地用我的小指尖，在她掌缘上的一些小穴道旁边，轻轻地扫了一下而已。所以说过了两句话之后，她的这只手就忽然变得麻木了，当然就不能再出手。"

"现在她的右半边身子，是不是已经完全麻木了？"公孙太夫人问李坏。

"大概是这个样子的。"

"所以你也不必再出手了。"

李坏笑，公孙叹息："李先生，不是我恭维你，你手上功夫之妙，放眼天下，大概也找不出三个人能比得上你的。"

李坏眨眼，微笑，故意问：

"找不出三个人，两个人总是找得出来的，太夫人是不是这两个人其中之一？"

"如果我说是，你一定不信，如果我说不是，你也一定不信。"

"我明白。"李坏的回答极诚恳。

04

根据江湖中所有能够收集到的资料来评断,如果说公孙太夫人的成绩能够达到第一级的水准,甚至可以说是超级的水准,那么我们的李坏先生最多只能说是第三级。

在公孙太夫人的记录中,从来没有过"失败"这两个字。

可是在李坏的记录中,却好像从来都未曾没有过"失败"这两个字。

在这种比较之下,李坏还有什么路可走?

05

经过了刚才取人性命于刹那间的凶杀和暴乱后,帐篷里剩下来的人已经不多了,在这些还没有被吓走的人之中,居然有大多数是女人,一些非常美丽,气质也非常特别的女人。

她们的形貌装束年龄也许有很大的差异,可是她们都有一个共同的特点,好像无论遇到了什么事,都能够保持镇静不乱。

这也许是因为她们都见得多了。

名妓如名侠,都是江湖人,都有一种相同的性格,都不是一般人可以用常情和常理来揣度的。

在某些时候,名妓甚至也好像名侠一样,能够把生死荣辱置之度外。

满头银发、一身华服的铁银衣摊开双手,端坐在一张波斯商贾从海外王室那里买来的浅色桃花心木金缎交椅上。直到这时候,他才慢慢地站起来。

"二少爷,这一出戏,你好像已经演完了,好像已经应该轮到我了。"

"轮到你?"李坏问,"轮到你干什么?"

"轮到我杀人,或者轮到我死。"

"杀人和死,本来就好像一枚银币的正反两面一样,无论是正是反,都还是同样的一枚银币。"

铁银衣昂然而立,银发闪亮:"所以现在是生是死都已经跟你全无关系。"

李坏苦笑。

"这不关我的事关谁的事?我求求你好不好,你这一次能不能不要来管我的闲事?"

"不能。"

铁银衣说:"老庄主要我带你回去,我就得带你回去。要你死的人,就得先让我死。"

"如果你死了,岂非还是一样没法子带我回去?"

"那么我先死,你再死。"

这句话绝不是一出戏里面的台词,也没有一点矫情做作的意思。

这句话的真实,也许比一位三甲进士出身的大臣,在朝廷上所作的誓言更真实。

李坏不笑了,仿佛已笑不出。

铁银衣看着他,慢慢地挥了挥手:"我相信你应该明白我的意思,所以你暂时最好还是退下去。"

有掌声响起。

鼓掌的是一个蛾眉淡扫、不着脂粉的年轻女人,穿一身用极青、极柔的纯丝织成的淡青色衣裳。

看起来那么年轻那么纯那么温柔那么脆弱,没有人能看得出她居然就是此间的第一名妓,也没有人能想得到她会说出这样的话。

"好极了,我从来也没有看过你们这样的男人,如果你们真的全都死了,我也陪你们死。"

青姑娘说出来的话,有时候甚至比某一些大侠的信用更好。

李坏又笑了。

"为什么有这么多人都想死呢?其实我们谁都不必要死。"李坏对铁银衣说,"只要你能看住那位拉胡琴的老先生的手,我保证我们都不会死。"李坏说,"如果这位老先生不出手,那么我相信这位公孙太夫人到现在为止最少已经死了十七八次了。"

琴声断了,瞎眼的老头子从角落里蹒跚着走出来,他说话的声音几乎比他的琴声更低暗沙哑。

"我们出去走一走好不好?"他问李坏,"你愿不愿意陪我出去走一走?"

06

夜忽然迷蒙,因雾迷蒙。

这种时候,这种地方,居然还会有如此迷蒙的雾,实在是令人很难想象得到的,就正好像此时此地此刻居然还会有李坏和公孙老头这么样两个人坐在一株早已枯死了的白杨树的枝丫上喝酒。

酒不是从铁银衣那里摸来的,是老头自己从袋子里摸出来的。

这种酒闻起来连一点酒味都没有,可是喝下去之后,肚子里却好像忽然燃起了一堆火。

"你有没有发现这种酒有点怪?"老头问李坏。

"我不但觉得酒有点怪,你这个人好像更怪。"

"你是不是想不到我会忽然把你请来,请到这么样一个破地方来喝这种破酒?"

"我想不到,可是我来了。"李坏说,"虽然我明明知道你要杀我,我还是来了。"

老头大笑,笑得连酒葫芦里的酒都差点溅了出来。一个扁扁的酒葫芦,一张扁扁的嘴,笑的时候也看不见牙齿。

幸好杀人是不用牙齿的,所以李坏的眼睛只盯着他的手,就好像一根钉子已经钉进去了一样。

公孙先生那双一直好像因为他的笑声而震动不停的手,竟然也好像被钉死了。

李坏眼里那种钉子一样锐利的彩光,也立刻好像变得圆柔很多。

这种变化,除了他们两个人自己之外,这个世界上也许很少再有人能够观察得到。

在武林中真正的第一流高手间，生死胜负的决战，往往就决定在如此微妙的情况中。

可是他们的生死胜负还没有决定。

因为他们这一战只不过刚刚开始了第一个回合而已。

07

公孙先生就用他那扁扁的嘴，在那扁扁的酒葫芦里喝了一大口那种怪怪的酒。

"我是个怪人，可是你更绝，不但人绝，聪明也绝顶。"公孙说，"所以你当然也明白，我叫你出来，是因为我早就已经看出了我那个老太婆绝不是你的对手。"

李坏承认。

"可是我相信有一点你是绝对不知道的。"公孙说，"我找你出来另外还有一个非常非常特别的理由。"

"什么理由？"

公孙先生反问李坏："你知不知道我的名字？你知不知道我是个什么样的人？"

"我不知道。"

"我姓公孙，名败，号无胜。"

"公孙败？公孙无胜？"李坏显得很惊讶，"这真的是你的名字？"

"真的，因为我这一生中与人交手从未胜过一次。"

李坏真的惊讶了。

因为他已经从公孙先生刚才那一阵笑声和震动间,看出了公孙先生那一双手最少已经有了三种变化。

三种变化绝不算多,变化太多的变化也并不可怕,有时候没有变化也可以致人于死命。

可怕的是,公孙先生刚才手上的那三种变化,每一种变化都可以致人死命于刹那间。

"公孙先生,公孙无胜先生。"李坏问,"你这一生中真的从来没有胜过一次?"

"没有。"

"我不信,我死也不信。就算把我的脑袋砍下来当夜壶,我也不信。"

"为什么?"

"我是个坏蛋,是个王八蛋,我是猪。所以我没有吃过猪肉,可是我看过猪走路。"李坏说,"所以我最少总看得出你。"

"你看得出我什么?"

"如果在江湖中还有六十年前制兵器谱的那位百晓生,如今再制兵器谱,那么公孙先生你的这一双手绝对不会排在五名之外。"李坏说,"那么你怎么会从未胜过?"

公孙先生又喝了一大口酒,用那双好像完全瞎了的眼睛,好像什么都看不见的眼睛,看着李坏,过了很久才长长地叹了一口气。

"你看对了,可是你又看错了。"

"哦?"

"你看对了我的武功,却看错了我这个人。"公孙先生说。

"哦?"

"我的武功确实不错,确实可以排名当今武林中很有限的几个高手之间。"公孙先生补充道，"如果我要找当今江湖中那二十八位号称连胜三十次以上的高手去决一胜负，也许我连一次都不会败。"

"那么你为什么一直都败？"

"因为我的武功虽然不错，可是我的人错了。"

"错在什么地方？"

公孙先生又沉默了很久，然后才用一种很奇怪的声音反问李坏：

"你知不知道我这一生中和别人交手过几次？"

"几次？"

"四次。"

"四次？"李坏又觉得奇怪了，"公孙先生，以你的武功，以你的性格，以你的脾气，你这一生中只出手过四次？"

"是的。"公孙先生说，"我战四次败四次。"他又问李坏，"如果我要你举出当今天下的五大高手，你会说是哪五个人？"

李坏考虑了很久，才说出来。

"武当名宿钟二先生，少林长老无虚上人，虽然退隐已多年，武功之深浅无人可测，但是我想江湖中也没有人能够否定他们的武功。"

"是的。"

"昔年天下第一名侠小李探花的嫡系子孙李曼青先生，虽然已有二十年未曾出手，甚至没有人能够见得到他一面，可是李家嫡传的飞刀，江湖中大概也没有人敢去轻易尝试。"

"小李飞刀，例不虚发。小李探花的侠义之名，至今犹在人心。"公孙说，"对曼青先生我一直是极为敬仰佩服的。"

"潇湘神剑，昆仑雪剑，第三代的飞剑客还玉公子。这三个人的剑法就没有人能分得出高下。"李坏说，"他们三位又都是生死与共的朋友，绝不会去争胜负，所以谁也没法子从他们三个人之中举出是哪一个最为高强。"

"你说得对。"公孙说,"他们三位之中,只要能战胜其中一位,就已不虚此生。"

"这几位你都见过?"李坏问。

公孙先生苦笑:"我不但见过,而且还曾经和其中四位交过手。"

"是哪四位?"

"潇湘、钟二、昆仑、还玉。"

李坏叹了口气:"你选的这四位对手真好,你为什么不去选别的人?"

公孙先生也叹了口气:"因为我这个人错了。"

第三章

第一名侠

01

一个人喝酒无趣。

一个会喝酒的人和一个一杯就醉的人喝酒也同样无趣。

一个人自说自话多么无聊,可是和一个言语无味面目可憎的人说话更无聊。

这个世界上有很多事都是这个样子的。

这道理,李坏懂。

"我明白你的意思。"他对公孙先生说,"你出手,并不是为了求胜,只不过为了要找一个值得你出手的对象而已。成败胜负根本就没有放在你的心上。"

李坏说:"如果不配让你出手的人,就算跪在地上求你,你也不会对他们伸出一根手指。"

公孙先生看着他,眼睛里仿佛已有光,热泪的光。

"我就知道你会明白的。如果你不明白,世上还有谁能明白?"公孙先生又长长叹息,"如果我不败,这世上还有谁败?"

他说的两件完全不同的事,可是道理却完全一样的。

李坏忽然站了起来，用一种他从未表现过的尊敬态度，向公孙先生行礼。

"我从来不拍别人马屁，可是今天我们就算是生死之敌，就算我在顷刻之间就会死在你手里，或者我在顷刻之间就会杀了你，我也要先说一句话。"

"你说。"

"公孙先生，你虽然永败无胜，可是你虽败犹荣，我佩服你。"

公孙先生忽然做了件很奇怪的事。

他忽然凌空跃起，用一种没有人能想象得到的奇特姿势，奇特地翻了七八个跟斗，翻起了七八丈，然后才落在他原来坐的那一处枝丫上。

他没有疯。

他这么样做，只不过因为他自己也知道，他眼中的热泪好像已经快要忍不住夺眶而出了。

要想不让别人看见自己眼中的热泪，翻跟斗当然绝不是一种很好的方法，却无疑是一种很有效的方法。

李坏无疑也明白这道理，所以他就喝了一口酒，一口就把葫芦里的酒喝光。

"我非常感谢，你愿意把我当作你第五个对手，我实在觉得非常荣幸。"

"那也是没法子的事。"公孙故意装出很冷淡的样子说，"我已经收了别人三万两黄金来换你一条命。"

李坏又笑了。

"我真想不到，我的命居然有这么值钱。"

公孙先生没有笑:"我们夫妻一直都很守信约的,只要约一订,无论在什么情况下,我们都会守约的。"

李坏也不再笑。

"我也是个很有原则的人,而且我现在还不想死,所以我虽然很佩服你,我还是决心要让你再败一次。"

朋友之间的感情永远是那么真实,那么可贵。

不幸的是,朋友并不一定全都是真的朋友,仇敌却永远是绝对真实的。

所以如果你的仇敌对你表示出他对你的某种情感,那种情感的真实性,也许比朋友间情感的真实性还要更真实得多。

朋友之间是亲密的,愈好的朋友愈亲密。

不幸的是,亲密往往会带给人轻蔑。

仇敌却不会。

如果你对你的仇人有轻蔑的感觉,那么你就会因为这种感觉而死。

所以,朋友之间,尤其是最好的朋友之间,很可能只有亲密而没有尊敬。而最坏的仇敌之间,却很可能只有尊敬而没有轻蔑。这种尊敬,通常都比朋友之间的尊敬更真实。

这实在是种很奇怪的事。

更奇怪的是,这个世界上却有很多事情都是这个样子的。

02

就好像世界上每天、每一个时辰、每一个角落里都有人在相爱一样。江湖中也每天都有人在以生命作搏杀,每天也不知道有多少次。

自从人类有文字的记载以来,像这一瞬的生死决战也不知道有几百万次、几千万次。可是能够永远留在人们记忆中的,又有几次呢?

其中至少有两次是让人很难忘记的。

蓝大先生与萧王孙决战于绝岭云天之间,蓝大先生使七十九斤大铁锤,萧王孙用的却是一根刚从他丝袍上解下的衣带。

这一战的武器相差之悬殊,已经是空前绝后的了。

蓝大先生的武功刚猛凌厉,震古铄今,天下无双,一锤之下碎石成粉。萧王孙飘忽游走,变幻无方。刚柔之间的区别之大更不是一般人所能想象。

这一战虽然无人有机缘能躬逢其盛,亲眼目睹,可是这一战的战况,至今尤在被无数人渲染传说,几乎已经成了武林中的神话。

陆小凤与西门吹雪决战于凌晨白雾中。

西门吹雪号称剑神,剑下从无活口。他这一生就是为剑而生,也愿意为此而死。

他这一生最大的愿望,就是想和陆小凤比一比胜负高下,因为陆小凤这一生从未败过。

这个人看起来好像总是嬉皮笑脸,随随便便,连一点精明厉害的样子都没有,甚至好像连一点用处都没有,更不像肯苦心练武功的样子。

他这一生出生入死，也不知道经历过多少危险至于极点的事。

可是他这一生居然真的从未败过一次。

那么，他和西门吹雪这一战呢？

这一战也和萧王孙与蓝大先生的那一战同样有一点奇怪的地方。

他们的决战虽然都是惊心动魄，系生死于呼吸之间，可是他们的决战却没有分出生死胜负。

因为在当时他们虽然在一瞬间就可以把对方刺杀于当地，但都没有使出绝招，因为他们惺惺相惜，内心深处毕竟视对方为朋友。

一种在心胸里永远互相尊敬的朋友。

李坏和公孙不是朋友。

公孙先生虽然每战必败，却只不过因为他的心太高气太傲，他虽败犹荣。

李坏在江湖中至今虽然没有什么太大的名气，也很少有人知道他的武功究竟是深是浅，可是毕竟已经有几个人知道了。

有几个从来也没有想到会败在他手下的人，都已经败在他的手下了。

他和公孙先生这一战的生死胜负又有谁能预测？

第四部

代 价

第一章

一剑飞雪

01

古老的宅邸，重门深锁，墙头已生荒草，门上的朱漆也已剥落。无论谁都看得出这所宅院昔日的荣耀已成过去，就像是一棵已经枯死了的大树一样，如今已只剩下残破的躯壳，已经不再受人尊敬赞美。

可是，如果你看见今天从这里经过的三个江湖人，就会觉得情况好像并不一定是这个样子的，你对这个地方的感觉也一定会有所改变。

这三个江湖人着鲜衣，骑怒马，跨长刀，在雪地上飞驰而来。

他们的意气风发，神采飞扬，这个世界上好像没有什么事能够阻挡得住他们的路。

可是到了这所久已破落的宅邸前，他们居然远在百步外就落马下鞍，也不顾满地泥泞冰雪，用一种带着无比仰慕的神情走过来。

"这里真的就是小李探花的探花府？"

"是的，这里就是。"

朱漆已剥落的大门旁，还留着副石刻的对联，依稀还可以分辨出上面刻的是：

一门七进士；

父子三探花。

三个年轻的江湖人，带着一种朝圣者的心情看着这十个字。

"小李飞刀，例不虚发。"一个最年轻的年轻人叹息着说，"我常常恨我自己，恨我为什么没有跟他生在同一个朝代。"

"你是不是想和他比一比高下？"

"不是，我也不敢。"

一个年轻气盛的年轻人居然能说出"不敢"两个字，那么这个年轻人的心里对另外一个人的崇敬已经可想而知了。

可是这个心里充满了仰慕和崇敬的年轻人忽然又叹了口气。

"只可惜李家已经后继无人了，这一代的老庄主李曼青先生虽然有仁有义，而且力图振作，可是小李飞刀的威风，已经不可能在他身上重现了。"

这个年轻人眼中甚至已经有了泪光："小李飞刀昔日的雄风，很可能已经不会在任何人身上出现。"

"有一件事我一直都想不通。"

"什么事？"

"曼青先生从小就有神童的美名，壮年后为什么会忽然变得消沉了？"

一个看起来比较深沉的年轻人沉吟了很久，才压低了声音说：

"名侠如名士，总难免风流，你我又何尝不是这样子的。"

"你是说，曼青先生的消沉是为了一个女人？"

没有回答，也不用再回答。

三个人牵着马默默地在寒风中伫立了许久，才默默地牵着马走了。

02

李坏和铁银衣也在这里。

他们都看到了这三个年轻人,也听到了他们说的话,他们心里也都有一份很深的感触。

——小李飞刀的雄风真的不会在任何人的身上重现了吗?

——为了一个女人而使曼青先生至此,这个女人是谁?

李坏眼中忽然有热泪忍不住要夺眶而出。

他忽然想到他的母亲,一个多么聪明多么美丽又多么可怜的女人。

他忽然想要走。

可是铁银衣已经握住了他的臂。

"你不能走,现在你绝不能走。"铁银衣说,"我知道你现在心里在想什么,可是你也应该知道你的父亲现在是多么地需要你,不管怎么样,你总是他亲生的骨肉,是他血中的血、骨中的骨。"

李坏的双拳紧握,手臂上的青筋一直不停地在跳动,铁银衣盯着他,一个字一个字地说:

"你更要知道,要想重振李家的威风,只有靠你了。"

03

积雪的小径,看不见人的亭台楼阁,昔日的繁华荣耀如今安在?

李坏的脚步和心情同样沉重。

不管怎么样,不管他自己心里怎么想,不管别人怎么说,这里总是他的根。

血浓于水,这是任何人都无法否认的事实。

他又要见到他的父亲了,在他还没有生出来的时候,就已把他们母子遗弃了的父亲。

可是他不能背弃他的父亲,就好像他不能背弃自己一样。

"你知不知道你的父亲这次为什么一定要我找你来?"铁银衣问李坏。

"我不知道。"

李坏说:"我只知道,不管他要我去做什么事,我都会去做的。"

04

又是一年了。

又是一年梅花,又是一年雪。

老人坐在廊檐下,痴痴地望着满院红梅白雪,就好像一个孩子在痴痴地望着一轮转动的风车一样。

人为什么要老。

人要死的时候为什么不能死?

老人的手里有一把刀。

一把杀人的刀，一把例不虚发的刀，飞刀。

没有人知道这把刀的重量、形式和构造。就正如天下没有人能躲过这一刀。

可是这把刀已经有许多年许多年没有在江湖上出现过了，因为他已经没有出手一击，例不虚发的把握。

他是李家的后代，他的父亲就是近百年来江湖中独一无二的名侠小李飞刀。

而他自己已消沉二十年，他的心情之沉痛有谁能想象得到？

他是为什么？

白雪红梅间仿佛忽然出现了一个淡淡的影子，一个白衣如雪的女人。

一段永难忘怀的恋情。

"庄主，二少爷回来了。"

曼青先生骤然从往日痴迷的情怀旧梦中惊醒，抬起头，就看见了他的儿子。

——儿子，这个这么聪明，这么可爱的年轻人真的是我的儿子？我以前为什么没有照顾他？为什么要让他像野狗一样流落街头？为什么要离开他的母亲？

——一个人为什么要常常勉强自己去做出一些违背自己良心，会让自己痛苦终生的事？

他看着他的儿子，看着面前这个强壮英挺、充满了智慧与活力的少年，就好像看到他自己当年的影子。

"你回来了？"

"是。"

"最近你怎么样？"

"也没有怎么样，也没有不怎么样。"李坏笑笑，"反正我就是这个样子，别人看得惯也好，看不惯也好，反正我也不在乎。"

"不在乎？为什么我就不能不在乎？"

老人的心里在滴血，如果他以前也能像他的儿子这么样不在乎，那么他活得一定比现在快乐得多。

李坏的心里也在滴血。

他也知道他的父亲心里在想什么，他父亲和他母亲那一段恋情在江湖中已经是一件半公开的秘密。

他的父亲遇到他的母亲时，他们都还很年轻。

他们相遇，相爱，相聚。

他们有了他。

他们年轻、健康，而且都非常成功，非常有名，他们能结合在一起，本来应该是一件多么让人羡慕的事。

只可惜这一段美丽的恋曲，到后来竟然成了哭声。

错不在他们，错在一件永远无法改变的事实，一段永远无法忘怀的仇恨。

——他父亲的父亲，杀了他母亲的父亲，一刀毙命。

他的母亲复姓上官。

小李飞刀，例不虚发。就连威震天下的金钱帮主上官金虹也未能破例。

"这是我平生做的第一件错事，"老人说，"因为我明明知道这么做是不可原谅的,是会害人害己的,可是我还是要去做。"

他黯然良久:"我扪心自问,永远无法原谅自己的,就是这一点。"

李坏不开口,他根本无法开口。

他一直为他的母亲悲恨愤怒不平,可是现在他忽然发现在他心底深处,对他的父亲也有一份无法形容的悲伤和怜悯。

不管怎么样,他和他的父亲之间,毕竟有一点相同之处。

他们毕竟同样是男人。

05

老人又对李坏说:

"今天我找你来,并不是为了要对你解释这件事,这件事也是永远无法解释的。"

李坏依旧沉默。

"我生平只错过两件事,两件事都让我痛苦终生。"老人说,"今天我找你来是为了另外一件事。"

空寂的庭院中,几乎可以听得见落叶在积雪融化中破裂的声音。

老人慢慢地接着说。

"多年前,我初出道急着要表现自己,为了要证明我的声名,并不是靠我祖先的余荫而得来的。"他说,"那时候,武林中有一位非常成功的人,战无不胜,几乎横扫了武林。"

老人说:"这个人你大概也曾听说过的。"

二十年前,"一剑飞雪"薛青碧挟连胜三十一场之余威,再胜雁荡三鸟，再胜昆仑之鹰，再胜刚刚接任点苍掌门的白燕道人于七招间，声誉之隆，天下无人能与之比肩。

但是后来的那一战，他却败给曼青先生了，败后三月，郁郁而终。

这件事，这个人，李坏当然是知道的。

"我一战而胜举世无双的名剑，当然欣喜若狂。"

这本来也的确是一件让人得意欣喜的事，可是曼青先生在讲述这件事的时候，神情却更黯然。

"因为后来我才知道，一件我当时所不知道的事情。"老人说，"当然我如果知道这件事，我宁可死也绝不会去求战。"

他说："后来江湖中人都知道这件事，我相信你一定也知道。"

李坏知道。

当时李曼青向薛青碧求战的时候，薛青碧已经因为连战之后积劳伤痛，而得了一种没有人可以治得了的内伤。那个时候，他的妻子也刚刚离开了他。

他的积伤和内伤已经使他变成了另外一个人，一个和江湖传说中那位"一剑飞雪"完全不同的人。

可是薛青碧的血管里还是流着倔强冷傲的血，他的性格还是不屈不挠的。

所以他还是负伤应战。

他没有告诉李曼青他已经不行了，他死也不会告诉他的对手他已经不行了。

他就真砍断他的头颅，切断他的血脉，斩碎他的骨骼，他也不会对任何人说出这一类的话。

所以他战,欣然去战。

所以他败。

所以他死,死于他自己的荣耀中。

"所以我至今还忘不了他,尤其忘不了他临死前那一瞬间脸上所流露的尊荣。"老人说,"我以前从来没有看过死得那么骄傲的人,我相信以后也永远不会看到。"

李坏看着他的父亲,眼中忽然也流露出一种无法形容的尊敬之意。

他也在为他的父亲骄傲。

因为,他知道只有一个真正的热血男儿,才能够了解这种男子汉的情操。

要做一个人,要做一个真正的人已经很不容易了,要做一条真正的男子汉,那就不是"不容易"这三个字所能形容的了。

老人又沉默了很久,甚至已经久得可以让积雪在落叶上融化。

李坏听不见雪融的声音,也听不见叶碎的声音,这种声音没有人能够用耳朵去听,也没有人能听得到。

可是李坏在听。

他也没有用他的耳朵去听。他听,是用他的心。

因为他听的是他父亲的心声。

"我杀了一个我本来最不应该杀的人,我后悔,我后悔有什么用?"老人的声音已嘶哑,"一个人做错了之后,大概就只有一件事可以做了。"

"什么事?"李坏终于忍不住问。

"付出代价。"老人说,"无论谁做错事之后,都要付出代价。"

他一个字一个字地接着说:"现在就是我要付出代价的时候了。"

  日期:元夜子时。
  地点:贵宅。
  兵刃:我用飞刀,君可任择。
  胜负:一招间可定胜负,生死间亦可定。
  挑战人:灵州,薛。

这是一封绝不能算很标准的战书,但却无疑是一封很可怕的战书。字里行间,仿佛有一种逼人的傲气,仿佛已然将对方的生死掌握在自己的手里。

李坏只觉得一阵血气上涌。

"这是谁写的信,好狂的人!"

"这个人就是我。"曼青先生说。

"是你?怎么会是你?"

"因为这封信就和我二十年前写给薛青碧先生的那封信完全一样,除了挑战人的姓名不同之外,别的字句都完全一样。"

老人说:"这封信,就是薛先生的后人,要来替他父亲复仇,所下的战书。也就是我要付出的代价。"

李坏冷笑。

"代价?什么代价?薛家的人凭什么用飞刀来对我们李家的飞刀?"

老人凝视远方,长长叹息。

"飞刀,并不是只有李家的人才能练得成。"

"难道还有别人练成了比我们李家更加可怕的飞刀?"

这句话是李坏凭一种很直接的反应说出来的，可是当他说出了这句话之后，他脸上的肌肉就开始僵硬，每说一个字，就僵硬一阵。

说完了这句话，他的脸就已经好像变成了一个死灰色的面具。

因为他忽然想起了一个人，想起了一道可怕的刀光。

——月光如刀，刀如月光。

在当今江湖中，这句话几乎已经和当年的"小李飞刀，例不虚发"同样可怕。

老人又问：

"你现在是不是已经知道这个人是谁了？"

李坏默认。

"这就是我要付出的代价。"老人黯然说，"因为我现在的情况，就正如我当年向薛先生挑战时他的情况一样。我若应战，必败无疑，败就是死。"

李坏沉默。

"死并不可怕，可怕的是败。"老人又说，"我能死，却不能败。"

他苍白衰老的脸上，已因激动而起了一阵仿佛一个人在垂死前脸上所发生的那种红晕。

"因为我是李家的人，我绝不能败在任何人的飞刀下，我绝不能让我的祖先在九泉下死不瞑目。"

他盯着李坏："所以我要你回来，要你替我接这一战，要你去为我击败薛家的后代。"

老人连声音都已嘶哑："这一战，你只许生，不许死。只许胜，不许败。"

李坏的脸已由僵硬变为扭曲,任何一个以前看过他的人,都绝对不会想到他的脸会变得这么可怕。

　　他的手也在紧握着,就好像一个快要被淹死的人,紧握着一块浮木一样。

　　——只许生,不许死。只许胜,不许败。

　　李坏的声音忽然也已变得完全嘶哑。

　　"你的意思难道说是要我去杀了他?"

　　"是的。"老人说,"到了必要时,你只有杀了他,非杀不可。"

　　李坏本来一直都坐在那里,动也不动地坐在那里。就好像一个木头人一样,就好像一个已经失去魂魄的死人一样。

　　可是他现在忽然跳了起来,又好像一个死人忽然被某一种邪恶神奇的符咒所催动,忽然带着另外一个人的魂魄跳回了人世。

　　没有人能形容他现在脸上的表情。

　　他对他父亲说话的时候,他的眼睛也没有看他的父亲,而是看着另外一个世界。

　　一个充满了悲伤与诅咒的世界。

　　"你凭什么要我去做这种事?你凭什么要我去杀一个跟我完全没有仇恨的人?"

　　"因为这是李家的事,因为你也是李家的后代。"

　　"直到现在你才承认我是李家的后代,以前呢?以前你为什么不要我们母子两个人?"李坏的声音几乎已经哑得听不见了,"你的那一位一直在继承李家道统的大少爷呢?他为什么不替你去出头?为什么不去替你杀人?为什么要我去?我为什么要替你去?我……我算是个什么东西?"

没有人看见他流泪。

因为他眼泪开始流出来的时候,他的人已经冲了出去。

老人没有阻拦。

老人的老眼中也有泪盈眶,却未流下。

老人已有多年未曾流泪,老人的泪似已干枯。

06

已经是腊月了,院子里的积雪已经冻得麻木,就像是一个失意的浪子的心一样,麻木得连锥子都刺不痛。

李坏冲出门,就看见一个绝美的妇人,站在一株老松下,凝视着他。

这个世界上有一种女人,无论谁只要看过她一眼,以后在梦魂中也许都会重见她的。

此刻站在松下向李坏凝睇的妇人,就是这种女人。

她已经三十出头,可是看到她的人,谁也不会去计较她的年纪。

她穿一身银白色的狐裘,配她修长的身材、洁白的皮肤,配那一株古松的苍绿,看起来就像是图画中的人,已非人间所有。

可是李坏现在已经没有心情再去多看她一眼。

李坏现在只想远远地跑走,跑到一个没有人能看见他,他也看不见任何人的地方去。

想不到,这位尊贵如仙子的妇人却挡住他的路。

"二少爷。"她看着李坏说,"你现在还不能走。"

"为什么?"

"因为有个人一定要见你一面,你也非见他一面不可。"

松后还有一个人,也穿一身银白色狐裘,坐在一张铺满了狐皮的大椅上。一张已经完全没有血色的苍白的脸,看起来就像是院子已经被冻得完全麻木的冰雪。

"是你要见我?"

"是,是我。"

"你是谁?为什么一定要见我?"

"因为我就是刚才你说的那个李家的大儿子。"

他说:"我要见你,只因为我要告诉你,我为什么不能去接这一战。"

他的脸色虽然苍白,可是年纪也只不过三十出头。一双发亮的眼睛里,虽然带着种说不出的忧郁,但却还是清澈而明亮。

李坏胸中的热血又开始在往上涌。

这个人就是他的兄长,这个人就是他在这个世界上唯一的手足。

只不过也就是因为这个人和这个人的母亲,所以他自己的母亲和他自己才会被李家所遗弃。他才会像野狗一样流落在街头。

李坏双拳紧握,尽力让自己说话的声音变成一种最难听最刺耳的冷笑。

"原来你就是李大少爷,我的确很想见你一面,因为我实在也很想问问你,你为什么不能去替李家接这一战?"

李正没有回答这句话,只是用一种很奇怪的眼神看着李坏,然后慢慢地从狐裘中伸出他的一双手。

他的一双手已经只剩下四根手指了。

他左右双手的拇指、食指、中指都已被人齐根切断。

07

"我十四岁的时候,就认为自己已经练成了李家天下无敌的飞刀。"

"你,也经历过十四岁的阶段,你当然也知道一个年轻人在那个阶段中的想法。"

"等到我知道我那种想法错了的时候,已经太迟了。"

"那时候,我一心只想替我们李家捞一点能够光宗耀祖的名声,想以我那时自以为已经练成的飞刀,去遍战天下一流高手。"

"我的结果是什么呢?"

李正看着他自己一双残缺的手:"这就是我的结果,这也是我替我们李家付出的代价。"

他忽然抬头盯着李坏,他忧郁的眼神忽然变得飞刀般锐利强烈。

"你呢?"他一字字地问李坏,"现在你是不是也应该为我们李家做一点事了?"

第二章

锦囊

01

李坏醉了。

他怎么能不醉?

一个人在悲伤潦倒失意失败的时候,如果他的意志够坚强,他都可能不醉。如果他没有钱沽酒,如果他根本不能喝酒,他当然也不会醉。

李坏现在的情况却不是这样子的。

李坏并没有悲伤潦倒失意失败,李坏只不过遇到了一个他所不能解决的问题而已。

李坏有钱沽酒,李坏喜欢喝酒,李坏不好,李坏也有点忧郁。

最重要的是,李坏现在的问题比其他八千个有问题的人,加起来的问题都大。

所以李坏醉了。

李坏可怕的醉,多么让人头痛身酸体软目红鼻塞的醉,又多么可爱。一种可以让人忘去了一切肉体上痛苦的麻醉,如果它不可爱,谁愿意被那种麻醉所麻醉?

只可惜，这种感觉既不持久也不可靠。

这大概就是，古往今来普天之下，每一个醉人最头痛的事。因为每个醉人都要醒，非醒不可，醒了就要面对现实。

更可怕的是，每一个醉人醒来后，所面对的现实，通常都是他所最不愿面对的现实。

李坏醒了。

他醒来后，所面对的第一件事，就是韩峻那一张无情无义而且全无表情的脸。

02

李坏醉，李坏醒。

他也不知醉过多少次，唯一的遗憾是，每次醉后他都会醒。在现在这一瞬间，他实在希望他醉后能永不复醒。因为他实在不愿意再看见韩峻这张脸。

他也不知道自己怎么会落入韩峻的手里。

奇怪的是，韩峻的样子看来好像也并不怎么喜欢看见他，只不过用一种很冷淡的眼神看着他，甚至已冷淡得超乎常情之外。

李坏对这种感觉的反应非常强烈，因为这个地方非常暗，李坏在酒醉初醒后，所能看到的只有这一双特别让人觉得感应强烈的眼睛。

除此之外，他还能听到韩峻在问，用一种同样异乎寻常的冷漠声音问他。

"你是不是姓李，是不是叫李坏？"

"是。"

"大内银库所失窃的那一百七十万两库银，是不是你盗去的？"

"不是。"

这两个问题都是刑例审问人犯时最普通的问题，可是李坏听了却很吃惊。

因为这两个问题，都不像是韩峻这种人应该问出来的。就连他说话的声音都像是变成了另外一个人，变得完全没有以前那么严峻冷酷。

"你的意思是说，你和内库的那件盗案完全没有关系？"韩峻又问。

"是的，我和那件案子完全无关。"

"那么你这几个月来所挥霍花去的钱财，是从哪里来的？"

"我的钱财是从哪里来的，好像也跟你没有关系，连一点狗屁的关系都没有。"

这句话是李坏鼓足了勇气才说出来的，他深深明白好汉不吃眼前亏的道理。可是他忍不住还是说了出来。

说完了这句话，他已经准备要被修理了。

在韩峻面前说出这种话之后，被毒打一顿，几乎是免不了的事。奇怪的是，韩峻居然连一点反应都没有，甚至连脸上的表情都没有变。

——这是怎么回事？这个比阎王还凶狠的家伙，怎么好像忽然变成了另外一个人？为什么忽然变得对李坏如此客气？

黑暗中居然另外还有人在。

"李坏，没有关系的。不管韩老总问你什么，你都不妨大胆照实说。"这个人告诉李坏，"只要你说的是实话，我们一定会给你一个公道。"

他的声音诚恳温和，而且带着种任何人都可以听得出的正直和威严。

也不知道为了什么，李坏虽然还没有看见这个人，却已经对他产生了一分亲切和信心。

"韩总捕，你再问。"这个人说，"我相信他不会不说实话的。"

韩峻干咳了两声，把刚刚的那句话又问了一次，问李坏怎么会忽然得到了一笔巨大的财富？

这本来是李坏的秘密。

可是在这种异乎寻常的情况下，在黑暗中，在急于辩明清白的情况下，他居然把这个秘密说了出来。

03

多年前铁银衣经过一再地毯式的搜寻之后，终于找到了李坏，把李坏从那个小城的泥泞中带了回去，让他见到了他的父亲，也让他传得了天下无双的飞刀秘技。

可是李坏却还是没法子待下去，甚至连一个月都没法子待下去。因为他一直觉得自己不是李家的人，不属于这个世界。

他宁可像野狗一样在泥泞中打滚，也不愿意锦衣玉食活在一个不属于他的世界里。

所以，他跑了。

在一个没有星没有月也没有风的晚上，他从厨房里偷了好大好大一块还没有完全煮熟的卤牛肉，用一条麻绳像绑背包一样，绑在背后，就从这个天下武林中人公认的第一家族中逃了出去。

他受不了约束，也受不了这里的家人奴仆们对他那种尊敬得接近冷淡的态度。

因为他不懂,在世家贵族间,最尊敬的礼貌,总是会带一点冷淡的。太亲热太亲密就显不出尊敬来了。

李坏当然不懂,一个在泥泞中生长的野孩子,怎么会懂得这种道理?

这种道理甚至连腰缠万贯的大富翁都不懂。

所以李坏跑了。

可惜他没有跑多远就被铁银衣截住,铁银衣居然也没有叫他回去,只不过,交给他两样东西——一本小册、一个锦囊。

"这是你父亲要我交给你的。"

小册中记载的就是昔年小李探花天下无双的飞刀绝技。

"这些日子来,我相信你父亲教给你很多关于飞刀的秘法。"铁银衣说,"再加上这个册子里的要诀和你自己的苦练,我相信你一定可以练成你们李家的飞刀,因为你本来就是李家的人,你的血里面本来就有你们李家的血。"

锦囊呢?

"这个锦囊里有什么,就没有人知道了。"铁银衣说,"因为这个锦囊是你母亲要你父亲交给你的,我们谁也没有打开来看过。"

锦囊里只有一张简略的地图,和几行简略的解说。说明了要怎么样寻找,才能找到图中标示的地方。

这张图就好像一根能够点铁成金的手指一样。

李坏找到了那个地方,在那里他独处七年,练成了天下无双的飞刀绝技,也找到了一宗富可敌国的宝藏。

04

　　韩峻虽然一直在勉强地控制自己,可是当他在听李坏诉说这个故事的时候,他脸上,甚至他全身的每一根肌肉都已经不受他的控制,都一直不停地在抽缩跳动。

　　静坐在黑暗中的那个人,当然也在听。

　　"你所找到的那一宗宝藏,价值究竟有多大?"他问李坏。

　　"我相信,它的价值绝不会在大内失窃的库银之下。"

　　黑暗中有人轻轻地吸了一口气,又轻轻地吐出一口气,才缓缓地说:

　　"我相信你说的是真话。"

　　"我说的每一个字都是真话。"

　　"那么我就不得不问你一件事了。"这个人问李坏,"你的母亲是谁?"

　　"先母复姓上官。"

　　"难道令堂就是上官小仙?"这个一直很沉静的人,声音忽然变得也有点激动了起来。

　　"不是。"李坏说,"仙姨是先母之姐,先母是她的妹妹。"

　　黑暗中的人又长长吐出一口气:"难道你所找到的那一宗宝藏,就是昔年上官金虹的金钱帮,遗留在人间的宝藏?"

　　这句话当然已不需要再回答。

05

灯光忽然亮了起来。

李坏立刻就明白，韩峻看起来为什么会变得好像另外一个人。

这间黑暗的屋子，原来竟是一间宽阔华丽的大厅，除了韩峻和李坏之外，大厅还有九个人。

九个人虽然都静坐不动，李坏也不认得他们，可是一眼就可以看出他们都不是寻常的人。他们的气度和神情，已经足够表现出他们的身份。

在这么样九个人的监视之下，韩峻怎么敢妄动？

一个清癯瘦削矮小，着紫袍系玉带的老人，慢慢地站了起来。

"我知道你从来没有见过我，可是我相信你一定知道我的名字。"这个气度高雅的老人说，"我姓徐，字坚白，号青石。"

他的声音亲切而温和，就是刚才在黑暗中说话的那一个人。

李坏当然知道他。

徐家和李家是世交，青石老人和曼青先生在少年时就换过了金兰帖子。只不过他禀承家训，走的是正统的路子，由秀才而举人，由举人而进士然后点为翰林，入清苑，到如今已官居一品。

以他的身份，怎么会卷入这件事的漩涡？

青石老人好像已经看出他心里的疑惑。

"我们这次出面，都是为了你来澄清这件事的，因为我们都是令尊的朋友。"青石老人说，"令尊相信你绝不是一个会为了钱财而去犯罪的人，我们也相信他的看法。"

所以他和另外八位气度同样高雅的老人，同时笑了笑。

"所以我们这些久已不问世事的老头子，这次才会挺身而出。"青石老人说，"现在事情的真相终于已水落石出，现在我只希望你明白，一个做父亲的人，对儿子的关切，永远不是做儿子的所能了解的。"

他拍了拍李坏的肩："你实在应该以能够做你父亲的儿子为荣。"

李坏没有开口。

他只怕他一开口，眼中的热泪，就会忍不住夺眶而出。

"还有一件事，我要告诉你。"青石老人说，"有一位姓方的姑娘，本来想见你最后一面的，我也答应了她，可是后来她自己又改变了主意。"

——相见不如不见。

——可可，可可，我知道我对不起你，我只希望你明白，我也是情非得已。

"现在，你在我们这一方面的事情已经全部了结了。对我们来说，你已经是个完全自由的人了。"青石老人道，"以后你应该怎么做，想去做些什么事，都完全由你自己来决定。"

06

瑞雪。

这种可以冷得死人的大雪，居然也常常会被某些人当作吉兆。

因为他们看不见雪中冻骨，也听不见孩子们在酷寒中挨饿的哀号。

可是瑞雪是不是真的能兆丰年呢？

大概是，春雪初融，当然对灌溉有利。灌溉使土地肥沃，在肥沃的土地上，收成总是好的。

宝剑有双锋，每件事都有正反两面。只可惜能同时看到正反两面的人，却很少。

昨夜的积雪，一片片被风吹落，风是从西北吹来，风声如呼哨。

可是李坏听不见。

因为李坏心里还有几句话在回荡，别的声音他全都听不见了。

——一个做父亲的人，对儿子的关切，永远是儿子想象不到的。

——你应该以做你父亲的儿子为荣。

——从今以后，你已经是一个自由人，应该怎么做，要去做什么，都由你自己去决定。

第五部

月光如雪,月光如血

第一章

小楼

01

这间屋子是在闹市中,是在闹市中的一个小楼上。

住在这个城市里的人,谁也不知道,这个小楼上有这么一户人家,一间屋子。更没有人知道,这个小楼上,这户人家中,住的是谁。

小楼的底层,本来是家绸缎庄。做生意真的是公公道道,童叟无欺。

所以这家绸缎庄忽然倒闭。

绸缎庄的上层,住的是个镖客和他年轻的妻子。听说这位镖客只不过是一家大镖局里面的资深趟子手而已,但却很得镖头们的信任,所以在家的时候很少。

所以他年轻的妻子在三四个月前忽然就失踪了,听说是跟对面一家饭馆里一个眉清目秀的小伙计跑了。

再上面的一层,本来是堆放绸缎布匹用的,根本没有人住。可是近月来,隔壁左右晚上如果有睡不着的人,偶尔会听到一阵初生婴儿的啼哭声。

——那上面难道也有人搬去住吗?那户人家是什么人呢?

有些好奇的人,忍不住想上去瞧瞧。

可是绸缎庄的大门上,已经贴上了官府的封条。

02

小楼的最上层,本来有三间屋子。最大的一间堆放绸缎布匹,还有一间是伙计们的住处。

绸缎庄的老掌柜夫妻俩勤俭刻苦,就住在另外一间。

可是现在这里所有的一切全都变了,变成了一片白,白得一尘不染。

从这个小楼上的后窗看出去,刚好可以看到三代探花,李府的后院。

李府后院中,也有一座小楼。多年来,灯火久已暗淡的李家后院中,只有这座小楼的灯光是经常通夜不灭的。

久居在这里的人,大多都知道这座小楼就是昔年小李探花的读书处。小李探花离家后,这座小楼就变成了他昔日恋人林诗音的闺房。而现在,却是李家第三代主人曼青老先生养病的地方。

这里本来是一条陋巷,因为小李探花的盛名所致,好奇的人纷纷赶来瞻仰,所以才渐渐热闹了起来。

飞刀去,人亦去,名仍在。

所以这地方也渐渐一天比一天热闹,只不过近年来已渐渐有了疲态。

所以这家绸缎庄才会倒闭。

在这么样一个地区,在一家已经倒闭了的绸缎庄的小楼上,为什么忽然会有一家人特地搬来,而且把这个小楼上的三间小屋,布置得像一个用冰雪造成的小小宫殿一样?

03

屋子里一片雪白,雪白的墙,雪白的顶,用洁白如雪的纯丝所织成的床帐,地上铺满了雪白色的银狐皮毛,甚至连妆台上的梳具都是银白色的。

每当雪白的纱罩中灯光亮起时,这屋子里的光线就会柔和如月光。

此刻窗外无月,只有一个穿一身雪白柔丝长袍的妇人,独坐在白纱灯下。

她的脸色在灯光映照下,看起来仿佛远比那苍白的纱罩更无血色。

刚才那室中还仿佛有婴儿的哭声,可是现在已经听不见了。

又过了很久,门外才有人轻轻呼唤。

"小姐。"

一个也穿着一件雪白长袍,却梳着一条漆黑大辫子的小姑娘,轻轻地推门走了进来。

"小姐。"这个小姑娘说,"弟弟已经睡着了,睡得很好,所以我才进来看看小姐。"

"看我?"小姐的声音很冷,"你看我干什么?我有什么好看的?"

小姑娘的眼中充满悲戚,可是同情却更甚于悲戚:"小姐,我知道你一直都有心事,可是这几个月来你的心事又比以前更重得多了,你为什么要这样子呢?为什么要这么样折磨自己?"

小姑娘总是多愁善感的,她这位小姐的多愁善感却似乎更重。

窗子开着,窗外除了冷风寒星之外,什么都没有。可是过了一阵子之后,黑暗中忽然响起了一连串爆竹声,一连串接着一连串的爆竹声。

忽然之间,这一阵阵的爆竹声,仿佛已响彻了大地。

这位满怀忧郁伤感的小姐,本来仿佛一直都已投入一个悲惨而又美丽的旧梦,这时候才被忽然惊醒。忽然问她身边这个梳大辫子的小姑娘。

"小星,今天是什么日子?为什么有这么多人放鞭炮?"

"今天已经是正月初六了,是接财神的日子。"小星说,"今天晚上家家户户都在接财神,我们呢?"

小姐凝视着窗外的黑暗,震耳的爆竹声,她好像已完全听不见,过了很久她才淡淡地说:

"我们要接的不是财神。"

"不是财神,是什么神?"小星努力在她的脸上装出很愉快的笑容,"是不是月神?是不是那位刀如月光的月神?"

这位白衣如雪月的小姐,忽然间站起来,走到窗口,面对着黑暗的穹苍。

"不错,我是想接月神。因为在某一些古老的传说中,月的意思就是死。"她说,"太阳是生,月是死。"

窗外无月。

可是在不远处,心里却觉得仿佛很遥远的一座小楼上,仍然有灯光在闪烁。

"我相信此时此刻,在那一边那一座小楼的灯光下,也有一个人在等待着月与死。"她的声音冷淡而无情,"因为今夜距离今年元夜十五,已经只剩下九天了。"

就在这时候,忽然又有一阵婴儿的啼哭声传了过来。

第二章

曼青老人

这座小楼已经非常陈旧。

曾经住在这座小楼上的人,都已经因为他们的寂寞哀伤,或者是因为他的义气和傲气而离开了。

此刻还留在小楼上的人,也已身心憔悴,寂寞得随时随地都恨不得快点死了的好。

他还没有死,并不是因为他不想死。

他还没有死,只不过因为他是李家的子孙。他可以死,却不能让李家的尊荣死在他的手里。

——这个世界上有多少人知道,寂寞有时候远比死更痛苦得多。

他曾经听过,他一位非常有智慧的朋友告诉他,一句至今他才深信不疑的话。

——这个世界上最可恨的事就是寂寞。

一个人在幸福的时候,有家庭,有事业,有子女,有朋友,有健康的时候。

当他的妻子带他的孩子回娘家的时候,当他的事业有休闲的时候,当他不愿意去找他的朋友,而宁可一个人闲暇独处的时候。

他拿一杯酒,独坐在空旷幽雅的庭园中,他寂寞得甚至可以听见

酒在杯中摇荡的声音,那时候他会轻轻地叹一口气说:

"寂寞真是一种享受。"

曼青先生抓紧了自己的手,手心里什么都没有。只有冷汗。

第三章

生死

小星也在遥望着对面小楼上的灯光，用一种很坚决的态度说：

"小姐，正月十五那天，我一定也要陪你过去。因为我要看看那个李曼青究竟是个什么样的人，当年为什么要把老爹逼得那么惨。"小星又说，"我娘告诉我这件事的时候，我就一直在盼望着有一天能亲眼看到这个李曼青死在小姐你的刀下。"

风神如月的小姐，淡淡地笑了笑。

"李曼青不会死在我刀下的。"她说，"因为正月十五那天，他根本不会应战。"

"为什么？"小星问，"难道李曼青是个贪生怕死的人？"

"他不怕死，可是他怕败。"月神说，"他是小李探花的后代，他不能败。"

小星忽然沉默，一张嫣红的脸忽然变得苍白。过了很久，才轻轻地问："小姐，李坏李少爷难道真的是他们李家的后代？"

"嗯。"

"那么他一定不知道向李家挑战的人就是你？"

"他知道。"月神幽幽地说，"他是个绝顶聪明的人，现在他一定已经知道了。"

小星咬住了嘴唇，所以声音也变得有点含糊不清。

"如果他真的知道,正月十五那一天他的对手就是你,他就应该走得远远。"小星说,"他怎么能忍心对你出手?"

"因为他别无选择的余地。"

"为什么?"

"因为不管怎么样,他都是李家的子孙。他绝不能让李家的尊荣毁在他的手里。"月神说,"就正如我虽然明知我的对手一定会是他,我也不能让薛家的尊荣毁在我的手里。"

她用一种平静得已经接近冷酷的声音接着说:"天下本来就有很多无可奈何的事,在某一种情况中,一个人明明知道自己做的事不对,也不能不做下去。"

鞭炮声已经完全消寂了,天地间已经变为一片死寂,可是在这无声无色无语的静寂中,却仿佛还有一种别人听不见,只有他们能够听得见的声音在回荡。

一个婴儿的啼哭声。

"小姐,"小星问,"你为什么不告诉他,你已经替他生了个孩子?"

"我为什么要告诉他?"月神说,"我替他生这个孩子,并不是为了要替他们李家留一个后代。我替他生的这个孩子,虽然是他们李家的后代,也同样是我们薛家的后代。这是我心甘情愿的事,我为什么要告诉他?"

"可是,如果你告诉了他,他也许就不会对你出手了。"

"如果我告诉了他,他不忍杀我,我还是一定会杀了他,因为我也非胜不可,而胜就是生,败就是死。"

小星忽然紧紧地咬住了嘴唇,眼泪还是忍不住沿着她苍白的面颊流了下来。

"小姐,现在我只想问你一句话。"

"你问。"月神说,"什么话你都可以问。"

"到了那一天,到了那争生死,争胜负,争存亡的那一刹那间,他会不会忍心下手杀你?"

"我不知道。"

"那么,到了那一刻,你是不是能忍心杀得了他?"

月神沉默着,过了也不知道有多久,才说:"我也不知道。"

尾　声

01

这个世界上，本来就有很多事都是这个样子的。非要到了分生死胜负存亡的那一刹那间，才能够知道结果。

可是，知道了又如何？

李坏胜了又如何？败了又如何？

生死存亡是一刹那间的事，可是他们的情感却是永恒的。

无论李坏是生是死，是胜是败，对李坏来说都是一个悲剧。

无论月神是生是死，是胜是败，对月神来说，也同样是一个悲剧。

生老病死，本都是悲。这个世界上的悲剧已经有这么多这么多这么多了，一个只喜欢笑，不喜欢哭的人，为什么还要写一些让人流泪的悲剧？

02

每一种悲剧都最少有一种方法可以去避免。我希望每一个不喜欢哭的人,都能够想出一种法子,来避免这种悲剧。

读客文化将出版以下古龙经典作品

《小李飞刀：多情剑客无情剑》

《小李飞刀2：边城浪子》

《小李飞刀3：九月鹰飞》

《小李飞刀4：天涯·明月·刀》

《陆小凤传奇：金鹏王朝》

《陆小凤传奇2：绣花大盗》

《陆小凤传奇3：决战前后》

《陆小凤传奇4：银钩赌坊》

《陆小凤传奇5：幽灵山庄》

《陆小凤传奇6：凤舞九天》

《陆小凤传奇7：剑神一笑》

《楚留香新传：借尸还魂》

《楚留香新传2：蝙蝠传奇》

《楚留香新传3：桃花传奇》

《楚留香新传4：新月传奇·午夜兰花》

《七种武器：长生剑·孔雀翎》

《七种武器2：碧玉刀·多情环》

《七种武器3：离别钩·霸王枪》

《七种武器4：愤怒的小马·七杀手》

《萧十一郎》

《火并萧十一郎》

《绝代双骄》

《欢乐英雄》

《三少爷的剑》

《流星·蝴蝶·剑》

《武林外史》

《白玉老虎》

《圆月弯刀》

《大人物》

《绝不低头》

《碧血洗银枪》

《彩环曲》

《苍穹神剑》

《大地飞鹰》

《风铃中的刀声》

《护花铃》

《剑毒梅香》

《剑客行》

《猎鹰·赌局》

《名剑风流》

《飘香剑雨》

《七星龙王》

《失魂引》

《血鹦鹉》

《英雄无泪》

《游侠录》

《月异星邪》

激发个人成长

多年以来，千千万万有经验的读者，都会定期查看熊猫君家的最新书目，挑选满足自己成长需求的新书。

读客图书以"激发个人成长"为使命，在以下三个方面为您精选优质图书：

1、精神成长
熊猫君家精彩绝伦的小说文库和人文类图书，帮助你成为永远充满梦想、勇气和爱的人！

2、知识结构成长
熊猫君家的历史类、社科类图书，帮助你了解从宇宙诞生、文明演变直至今日世界之形成的方方面面。

3、工作技能成长
熊猫君家的经管类、家教类图书，指引你更好地工作、更有效率地生活，减少人生中的烦恼。

每一本读客图书都轻松好读，精彩绝伦，充满无穷阅读乐趣！

认准读客熊猫

读客所有图书,在书脊、腰封、封底和前后勒口都有"**读客熊猫**"标志。

两步帮你快速找到读客图书

1、找读客熊猫　　　　　　　2、找黑白格子

马上扫二维码,关注**"熊猫君"**

和千万读者一起成长吧!